中國農村
與社會的結構

楊懋春觀點

蔡宏進 摘述

本書為作者根據楊懋春教授兩本名著*A Chinese Village*（《一個中國的農村》）及
Chinese Social Structure（《中國之社會結構》）的心得書寫，
經過作者記述要義，整理心得，更有助清晰理解內容，
通過此書，既能客觀了解中國社會，也能深刻認識中國歷史。

序

　　本書是筆者針對吾師楊懋春教授壯年時撰寫的 *A Chinese Village* (《一個中國的農村》)名著，及晚年寫的遺作 *Chinese Social Structure* (《中國之社會結構》)兩書逐章閱讀後，筆記內容要點，寫成中文，也當為心得，傳遞給有興趣的人參考分享。楊教授出身農家，一生當為學者，這兩本好書是他等身著作中的一部分，都用英文寫成。本書筆者考量大家都很忙碌，沒太多時間閱讀厚重的原著，若需查閱字典，也可能嫌煩，我乃不厭費點氣力，將其要義，摘要並寫成中文，分享讀者。我感讀書對人有益，讀師長或熟人寫的好書尤其彌足珍貴。讀書經過記要與整理心得有助清晰理解。每章摘要在千字上下，全長共約八萬字。我將重點放在識其要義，想欣賞其文字風采者，敬請直接閱讀原文。

　　我樂意合併介紹這兩書，固有因為師生情誼，藉閱讀及摘錄著作要義而了解師風，認識師範。也因兩書內容實在值得認識中文者閱讀。有意深知者可當為學問品味，無特殊學術取向與目的者，則可當成普通常識加以理解。《一個中國的農村》一書是楊懋春教授在 1945 年前後獲威京基金(Wiking Fund)贊助，在美國哥倫比亞大學研究時，於 1945 年 9 月由哥倫比亞大學出版社初版，同年 11 月再版，後在 1947 年三版，1950 年四版，1959 年五版，以後陸續再版。全書共含十七章，書目包含村子的座落、人民、農業、生活水準、家庭的成分、家庭內部關係、家庭為經

濟團體、家庭為初級禮儀團體、婚姻、孩子的訓練、一個家庭的
起落、村子的組織、村中的領袖、村子與外地關係、村中一個男
孩的故事、村子的明日，外加農具發展及家族名詞的實際應用兩
篇附錄，長達 275 頁，是一本暢銷的名著。雖然初版時間距今已
久遠，且作者本人離開世間也已近三十年，但好書如陳酒，好酒
越久越香，好書越久也越能經得起考驗，而越有價值，越值得一
讀。這書所寫的是在民國初年中國北方山東的一個農村，與臺灣
早期的農村也有甚多相同之處，出生並生長在臺灣農村年紀較長
的人不會陌生，讀之不難觸類旁通，也能共鳴。當今多數與農村
有根源的臺灣年輕人，也必能藉以了解與感受自己的根源。至於
來自中國或身在中國的人，讀之就更能有切身之感了。

　　《中國之社會結構》一書是楊懋春教授於 1978 年任職臺灣
大學教職期間撰寫，由環球書社出版的英文書。撰寫的旨趣是供
西方學生及一般民眾能從歷史脈絡有系統了解中國社會架構與制
度。這書使用通俗性大眾化但不失科學的寫法，先陳述建立社會
結構的單位及其連結關係，這些單位包括家庭、氏族、村落社
區、小村群、鄉鎮街、城市。進而論述皇權帝國時期的社會階級
架構及其間的通路與隔閡。最後部分論及民國時期社會制度的變
遷，涵蓋政治軍事權力、知識青年運動、農工商地位與力量、以
及社會態度及物質生活的變遷等。全書長達 513 頁，敘述詳實，
文字流暢。我讀過此書，既能客觀了解中國社會，也能深刻認識
中國歷史，讀後再經記述要義，整理心得，更有助清晰理解內
容。

　　楊懋春教授是我在大學時受教過的老師，也是我在國內就讀
研究所時的指導教授，又是我在臺大任教時的系主任，我當過他

的助教與助理，以及部屬同僚，抄寫過不少他寫的文稿，一生追隨他求學、學習教書、研究學問共約二十餘年，恩師的情誼深厚，他的書對我而言是為熟人之書，閱讀起來也就更覺得有趣與可貴。他寫的這兩冊好書第一冊是寫他自己的村子，以局內人對村子透徹的了解寫來得心應手，以其深厚社會學及文化學的學養，加上其對英文寫作造詣之好比一般英美學人都有過之無不及的能力，難怪書出版兩個月就再版，是名副其實的名著。第二冊是他在晚年時的遺著，這時他的學問與寫作都爐火純青，其論述跨越中國數千年歷史上的許多社會理念與現象，涵蓋許多面向的社會學概念與議題，是一本博大精深的難得好書，後人若未能讀到不無可惜。

蔡宏進 謹序

2022 年 4 月於臺北

目　次

一個中國的農村

(A Chinese Village)

前　言

一、寫在書的本文摘要之前

　　A Chinese Village 一書是楊懋春教授在 1945 年前後獲威京基金(Wiking Fund)讚助，在美國哥倫比亞大學研究時於 1945 年 9 月由哥倫比亞大學出版社初版，同年 11 月再版，後在 1947 年三版，1950 年四版，1959 年五版，以後陸續再版。在書的前面有哥倫比亞大學人類學系主任林登教授(Raph Linton)的介紹序，楊教授自序，及美國農部農業推廣處長威爾遜(M. L. Wilson)的推薦序。

二、林登教授的介紹序摘要

　　林登教授首先將本書定位為社區研究，先提到社區研究的幾項性質與問題，後說出本書的成功之處。社區研究首先要合乎科學性，這種性質也牽連到特殊事項與一般社會秩序的複雜關係，與社會學、人類學與個性心理學等都密切有關。社區研究是對這些複雜關係的整體性科學研究，要能科學客觀。以前為求科學與客觀，很重視統計資料的收集與分析，近來對文化及對社區內人的態度之了解與闡釋越趨重要。研究者要穿透外國文化，了解外國人民的態度很困難，不是只懂外國語言或經由正式課程就可學到，要能在外國社會文化環境中生活或參與過，能有深刻體會與

同情的洞察，才能確實了解人民有意識及無意識的態度。真正的
態度不是由直接問問題就能獲得正確的答案，歐美的社會科學者
研究其他文化常有這種不得要領的困難與問題。這種研究社區文
化的工作最好是由熟悉自己文化的人來做，楊懋春教授以村子的
人研究自己的村子，對村子社區的人與事最為熟悉，最有了解，
又有公平無私的科學精神與素養，這樣的研究成果兼具正確與同
情，也兼具對知識的熟悉與科學訓練，雖然不是第一本這類的
書，卻是最成功的一本。此書能給科學家及一般民眾同感興趣，
讀過的人會感覺到書中的人與事都像是熟知，且的確是真實的。

三、作者自序摘要

　　楊教授在自序中首先指出近來中國國家重建計畫中官員、經
濟學家與社會領袖同感農村建設運動重要，要推動這種建設運
動，必要先能對農村做科學性研究，使能先標明浪費與無效的措
施，並避免許多悲劇的發生。此書也有助他國人士對中國文化的
認識與了解。

　　書中介紹的中國山東臺頭村是作者的家鄉，作者對其最為熟
悉。書的內容記錄作者所見所聞與經驗，選擇日常社區生活最重
要部分，包括經濟、社會、宗教、教育等方面做了詳細的述說。
從靜態與動態觀點對村中的區位、家庭、鄰閭、全村、與村外的
鄰村、及與市鎮街的互動關係都在討論之列。本書的方法與發現
包括靜態的物理環境與動的社會型態，後者包括家庭內個人的互
動，經濟與禮儀的生活，社區人民的生活，對兒女的教養，對老
人的照護，及婚姻的意義等。對社區的標準生活，討論了食物的

種類，食物的消費習慣，了解村子的生活不如家庭生活重要。對
家庭內、家庭間、全村、村際、全鄉鎮的動態內容合併經濟、社
會、政治、宗教、教育。作者在序中提到可能有人會對資料有批
評，或有不同看法，作者自信所見、所聞與經驗都真實，也都是
村中多數人會同意的。最後他在序中表示對林登教授細讀初稿並
提出許多指導與建議，史丹貝克小姐幫忙整理書稿，都表示感
謝。對臺頭村村民則表示歉意，因沒寫出他們的真實姓名，因擔
心會成為不必要的指認。但在附註中提到一些真名，是為科學證
明的需要，並非厚此薄彼之意。

四、農部推廣處長威爾遜的推薦序摘要

　　威爾遜處長在推薦序中先提到世界人口眾多的國家如中國和
印度等，對發展科學農業增加糧食生產，都感到非常重要，曾派
員前來美國學習農業發展。過去十年內美國社會科學的進步也很
可觀，各種科學之間互有關聯，自然科學界在實驗室內的科學研
究也需要社會科學的幫助。科學發展的成果需要經過推廣教育，
提升群眾的教育水準。為能有效改善人民的生活，需要有人知道
更多人民的生活態度與方法，能與他們溝通，農業界到最近才知
道文化研究的重要性。過去不少美國的傳教士到中國傳教與服
務，農業專家也到中國幫助提升發展農業的方法，但對中國農業
科學發展的影響不大。

　　在二次大戰以後各國都有許多改變，因為戰爭的破壞，農業
與農村需要復興，一些學農的中國留學生到美國學習訓練、研
究、推廣，楊懋春教授呈獻農村各方面的一本生活帳。威爾遜處

長說他讀過不少有關中國農業與農村的書，楊教授寫的這本是結合農村生活各方面的整合性與了解性的故事，對了解中國文化及其對促進農業與農村發展的影響都有可觀的貢獻。這書是美國打開了解中國的一把鑰匙，對中國的援助提供很大的幫助，這是可改變世界各地農村條件的重要研究，希望在其他的國家也能有類似的研究成果。

第一章　村子的座落

　　本章先從村子在較大區域的座落談起，再談到村子周邊的環境及內部空間架構。就大區域的座落看，臺頭村位於膠州灣西南近海又靠山的一個平地小村落，海灣對岸在東北的方向是青島，是山東東部最大的都市，是商業、工業及交通中心。村人及附近的人要到青島，可先搭車到附近的小港口，再搭船到青島。一般說來，交通尚好，但下雨天就很難走。臺頭村一帶是老農業區，絕大多數人民都以農為生，村子離最近的新安鎮街上約三英哩，同鎮內約有 20 個村子。臺頭村南邊有一條臺頭河，由西向東流，北邊為高地平原，南邊的田園很美麗。這地區氣候良好，冬季乾冷，夏季較多東南風。書中列一有表紀錄二十年的平均氣溫、雨量、颱風、起霧與雨天。土壤品質因地段不同而有差異，由村中到外圍邊界距離也因方向不同而不同。

　　村內沿河有一條主幹道，將村子的住宅分成南北兩大部分，中間並無架橋。再由小路將住宅細分成四大塊，每一塊構成一片胡同，分別由四大姓氏居住，少有外姓人家住到他姓的胡同裡。四大姓氏依人數多少是：潘、楊、劉、陳，依富、貧的情況，依次是姓潘、陳、楊、劉。潘姓是村中最大家族，約占全村住家地盤的十分之八。沿河兩岸種有柳樹，並置放石頭。夏天村人常沿河坐在柳樹下石頭上納涼，冬天則靠牆曬太陽取暖。

　　村子的範圍分兩大部分，村落及外圍的田園。村中的住宅較好的都坐落在村中心，新建的幾家都坐落在外圍。非住家建築有

一教堂、兩個榨油坊，一個學校，一個鑄造廠，一個學校是借用民宅而用。建築物旁邊的空地是兒童遊戲及牲畜活動的場所。村內有幾條小路通往村外的田地，在村的西北方向有一條大馬路可通往較近的集鎮。村中的外圍為田園，村子的外圍有菜園及不少墳墓，墓地一片荒草，很醜陋。村子南邊的田野看起來都很美，曾吸引遊客前來參觀。不幸，後來姓潘的家族沒落，河岸失修，柳樹被砍，河流常有大水，美景不再。

第二章　人口

　　本章分析人口的性質，呈現數字不多，但內容甚為詳實。論及的項目包括人數、性別比例、出生、疾病、死亡、婚姻、移民等。作者對一些量化資料不能直接獲得者，使用間接參考與推估，不少使用記憶的質性資料分析說明。

　　全村人口總數係根據 1926 年時對鄰鎮的人口普查資料，及南京大學所做的調查資料，每戶平均人數，取其中位數再乘以總戶數而得。當地戶口普查資料是每戶 5.2 人，南京大學卜愷教授調查過膠縣的人口資料是，每戶 6.5 人，楊教授取中間每戶 6 人計，全村共約有 120 戶，總人數約有 720 人。性別比例，參考 1926 年相鄰縣份的人口普查報告資料，男性占 54%，女性占 46%。楊教授懷疑這資料的女性人口可能偏低，與填報的當地警察不無關係，一來普查工作對警察無好處，警察不會很認真做，二來警察與人民的信任度不夠，容易有誤差。

　　對嬰兒出生與死亡的資料，楊教授提供他所確知自己家及鄰居婦女生育兒女的年齡、生育次數、存活與死亡數等重要相關資料，最後他推估平均每位婦女約生育 6-7 人，死亡 2 人，嬰兒死亡率很高，因營養與衛生不良致成，嬰兒死亡常在 3 歲以下。地方風俗輿論對於死亡嬰兒大多會批評是祖先罪過，神明責罰。成人死亡時的年齡約在 60-70 歲，婦女死的較早，因生育及努力工作的緣故。人在 60 歲以上生病時家人會比較擔心，在 40 以下生病比較不擔心會死。如果死得太早，家人會很傷心。若能活到

70 歲或 80 歲以上才死，就較少遺憾，對於有病或窮苦的人也算是一種解脫。

　　婚姻是父系制，由女子嫁到男方家。村人少有遷移的情形，較晚近臺頭村只有兩戶由外地遷入者，兩家原來都是木匠，王家因在原住地名聲不好，遷入後村人很不以為意，後來遷走了。徐家的父親是為小官，剛移進時，與當地居民關係還好，後來兒子不爭氣，變窮了，也不得村人的認同。有一潘家遷到村子的外圍，但不構成村。一戶楊姓人家從鎮上遷來，先因兩個已婚兄弟的妻子爭吵，一家移到臺頭村，以後兩家還是常有互訪，經過五十年，遷進臺頭村的這家傳下 12 戶。

　　大致看來，臺頭村的人口很穩定，但有不少年輕人遷移到都市，遷出後還常回老家探望。整體而言，村里的人口受生死的自然改變影響大，受移動的影響小。

第三章　農業

一、全章大意

　　本章篇幅很長，共有十七頁之多。內容從分析農地的性質開始，進而細述種植最主要糧食作物冬麥，繼之說明如何種植與收獲小米、花生、番薯、黃豆、蔬菜、製作肥料、農具與日用品、病蟲害防治、修屋、釣魚、祭祀慶典活動、家庭勞動力與雇工等，述說非常詳細。其中種麥在臺灣較少見，我將作較詳細摘要，其餘農作或與農業相關的活動在臺灣的舊日子裡也都有，大同小異，只是楊教授提供的是他家鄉山東臺頭村農家實際的作業情形，在此細讀之後作下摘要。為使讀者能較容易抓住要點，本摘要以標題方式分別說其要義。

二、農地條件

　　這地區農家的農地條件與中國其他地區農民擁有農地情況差不多，都很狹小與零碎，每農家平均只有 1.26 英畝，分散在多處，有些離家甚遠。較富有的農家，擁有的農地相對較多，貧戶則相對狹小。田間有許多小路，通往各處的農地。村中潘姓家族擁有的土地相對較多，但土地經過繼承細分，數代之後也變少變小了。

三、作物種類

　　村中農民栽種的農作物種類很多，除最主要的小麥還有小米、花生、番薯、黃豆、蔬菜、大麥、玉米、稻子等，這與當地的土壤肥沃、雨量充沛、氣溫適宜等自然條件有關，也與歷史人文傳承都有密切關係。

四、種植與收獲冬麥的作業

　　小麥是此處最常見的農作物，在八月底小米收成後，讓土地休息一個月後開始種冬季小麥。先前幾天要施肥，肥料要混合豆粉，用犁與耙翻土，作畦，隨後播種。由一人一步一粒播下種子，後有一人蓋土，之後將小畦踏平，等待幼苗長出。若有下雪，土壤有水分，麥苗成長良好，就可豐收。下雪就要慶賀，歡喜過年。收成小麥連根拔起，綑綁後用畜力或人力背回家脫粒，曬乾後儲存。種植小麥較省人力，但本錢較多，土地要肥沃，收成則少能令人滿意。

五、小米的種植與收穫

　　種植小米約在早春開始，等甘藷或花生收成之後，在五月下種。種植過程與種小麥類似，播種後通常需要用石輪將土壓實，農民若無石輪，可用腳壓。經過一星期之後小苗長出。再一禮拜後小苗約長三吋高時就要疏苗並除草。在苗的周邊要有泥土，使其站立。連續要幾次的除草，也要防治病蟲害，費時甚多。到八

月成熟時就可收成，由年輕婦女用鐮刀割收，婦女除割自家小米，也可幫別人收割，賺取小工錢。脫粒與推磨都可由婦女幫忙。

六、種植與收成花生

　　在五月初與種植小米同時種植花生，經常與種植番薯競用同塊土地，種前先翻土作畦，施肥，選種，浸水後放幾天，發小芽時即可下種，施肥與下種可同時作業，常由小孩丟下種子。長苗之後先後培土，除草三次。種後土乾較好，免得種子腐爛，這種作物常種在丘地沙土上。花生約在十月底收成，收穫時只能單獨一人作業，先用鋤頭連根挖起，將土甩掉，再將帶殼花生一顆顆取下，掉落地上的花生撿起，莖葉用為動物飼料。常見一位年輕女孩跟著收穫者後面，撿取掉落的花生，賣錢可當為她們的私有收入。小女孩們也常幫榨油廠，剝去花生殼，得小工資，當私房錢。

七、種植與收獲番薯

　　種植與收穫番薯是農家很累的工作。在四月農民選擇儲存的番薯做為種苗，先將番薯埋在沙土中發芽，再種到菜園或田中。種前要先整地、作畦，準備種苗，種時將薯苗種在畦頂上，必要使田地潮濕，以利成長。種番薯時全家人合作，大人犁田、作畦，父親挖洞，兒子插上薯苗，將苗一端埋入土中，另一端一節帶葉露出在泥土外，婦女與兒女幫忙澆水，一週後可長新苗。收

種番薯先要剪下薯藤，接著父親與大兒子用鋤頭挖掘出番薯，甩開泥土，將薯藤捆綁後帶回家當動物飼料。小男孩撿番薯放進籃中，後由大人帶回家儲藏過冬。在收成時間，常由婦女準備中餐在田裡吃飯。

八、其他農作物的栽種與收穫

在這一章楊教授還論述多種農作物的栽種與收穫，包括花生、黃豆、稻子與蔬菜等。種花生要先整地施肥，選種後短暫泡水，之後放在溫暖處使其長出新芽，而後播種在畦溝中，長出苗後就要施肥除草，在十月底可收成。收成過程與番薯相近，用鋤頭掘出後先去土，並撿取花生，帶回曬乾儲藏。種黃豆較簡單，將黃豆的種子放入畦溝中，蓋土，但不必施肥。約經過三次除草，到豆莢飽滿變黃，就可收成，收成時大兒子先砍去莖部，綑綁帶回，去殼取粒曬乾。種稻要先翻土，並將土打碎、弄平，將稻撒播在土中，不灌溉，但要除草多次。稻米是稀有的食物，窮小孩被問及最好食物，稻米是重要的一種。每戶農家都有菜園，長年種植各種蔬菜、多半種來自用，蕪菁是冬季重要蔬菜。

九、農具肥料與家庭勞動力

農家需要許多農具，有的自作，有的購買，購買農具常要到外村或鎮街上。有鐵匠巡迴每個村莊，替農民修理農具。肥料也是種田所必要，農民普遍使用各種農作產品的莖葉雜物使其腐爛，當肥料。也還使用人畜的糞、尿當成肥料，常挖掘坑洞儲

存。將糞尿撒在蔬菜上，很不衛生。農民製作肥料並未花掉太多時間，但也少有經濟價值。農業勞動力分人力與畜力，全家人都是重要人力，工作性質都以全家庭分配職務為出發點。畜力則有牛、驢與騾。牛用來拖犁種田，驢騾用為交通運輸，或拉石磨等家庭雜務。

十、副業

農業有青黃不接的時候，農業工作也有季節性，一些較勤快或較貧窮的農民都有副業。楊教授列舉村中農民兼業的種類及改善經濟的效果。農民的副業包括當木匠、水泥匠、修理工、作裁縫、各種小買賣、教功課、捕魚、挖蚌等，對家庭經濟都大有幫助，有的還能發財致富，但都沒放棄務農的主業。

十一、雇工

農家也會有雇工的情形，分長工與短工，再分技術工與非技術工。需要雇工的家庭都較富有，幫人作工的都較貧窮。主人對短工，除了給工資，還得供應餐食，對長工要供應飲食與住宿。一般主雇關係都很融洽，但近來受社會政治風氣的影響，雇工要求提升工資及其他條件，主雇關係變為較前僵硬與緊張。這種關係也可能在隔代之後互相改變角色與地位。

第四章　生活水準

　　楊教授在這一章主要內容在闡明他家鄉臺頭村居民在食、住、衣三項重要物質生活的水準，也分析因貧富、性別、年齡、教育或家庭與社會角色不同有水準上的差異，以及因時間不同而有變遷。在說明與分析這些生活水準及其差異與變遷時，除了論及現象，也都深及原因、後果及人的感受與態度等的社會、經濟、文化、心理關聯與意涵。

一、食的水準與差異

　　村民的食物離不開當地生產的糧食，但不同家庭因貧富不同，食物的品質確有差異，也因各種糧食作物生產季節不同而不同。大致看來，大家都還吃得飽，「連乞丐也健康。」平時村民依主食差異可分成四級，最下一級以吃番薯為主，次下級是吃番薯加小米，次高級吃小米加小麥，最高級是全吃小麥麵粉類。番薯在收成季節可吃新鮮的，過了生產季節得吃曬乾儲藏的番薯簽。窮人飯桌上的副食經常是青菜，只有過年過節或親戚朋友來訪時偶而才有魚肉或蛋類可吃，富人常吃魚與肉。農忙季節會加菜，可吃好點，收穫番薯時最忙，能吃魚肉也較多。小麥收成季節，午餐品質也能與早晚餐一樣好。一年四季田中生產的糧食不同，食物的組合隨之改變，楊教授述之甚詳，原則是有什麼糧食才能吃什麼食物，當田裡的糧食作物清空時，新鮮的食物就受到

限制。麵粉是好食物，農民常用麵粉製作祭品、禮品或零食。若當祭品，製作過程要很小心謹慎，以免冒犯神明。有些送禮的麵粉食品照風俗習慣不能不送，不送會被人議論或責怪。家人也因角色與地位不同，在吃的種類與品質有時會有差異，婦女在生育時才能吃到糖。一般農民的食物都少有變化，營養較單調。臺頭村這地方最好的主食是麵粉，最差的是番薯，被稱為吃麵粉的人，表示好運，被稱為吃糊粥的人，表示撇不開貧窮與惡運。這地方的人常被外地人稱為是吃番薯的，是一種恥辱，但人民對番薯依賴很深，房子的建設都要考慮有儲藏番薯的空間。農民為儲藏食物過冬，都準備一大缸的醃漬鹹菜及一些鹹魚。

二、住的水準差異與變遷

住屋除了能安身，也表示家庭的經濟情況與社會地位。一般富有人家的住宅都較講究美好，窮人較差的房子就很簡陋。臺頭村的房子可分成三級，富人的用石頭、燒磚、石灰、好木料建造，地基較深，屋瓦堅固美觀，地面磨石，空間都較寬大。窮人的房子很小，材料差，形狀不規則，常用高粱桿子或稻草蓋在屋頂，牆壁塗泥土，不堪風雨吹打，中等的界於兩種之間。北方標準房子的主要部分稱為前屋(臺灣稱為大厝身)，共有五間，兩側為廂房，有 2-3 間。房子的長寬不一，地面多半是泥土，在隔間牆壁上糊上壁紙，房內的床為磚製或木製。父母、已婚兒媳、未婚兒女的房間，都設在一定規矩的地方。父母的房間經常當為客廳，是冬天全家人在晚上聚合聊天的場所。過得去的家庭會有客房，供親戚朋友來時住宿用。泥地很不乾淨，掃地前常要撒一點

水。已婚兒媳的房間設在廚房的另一邊，經常關閉。未出嫁女兒的房間則在父母房間後方，受父母保護。村中的房子在過去十年僅有富人建的新屋有變化，他們對蓋新房比買地更有興趣，新建築也模仿青島的現代化格調。一般家庭有錢都考慮先買地。

三、衣的水準與變遷

　　一般人穿的衣物都是棉織品，只少數人會穿絲綢織品，後來穿絲綢的人也漸多，品質多半粗糙，但比較耐穿。富人有可能穿絲綢，年輕人用的褥、被也可能是絲綢質料。鄉下人穿的較貴重衣物有兩種：一種叫緞子，較厚重，只老人較多穿著。另一種叫綢，較輕盈，新娘子最喜愛，綢是密的意思，是吉祥之物，農民認為穿了會多生子。

　　一個農民常有兩三樣工作服，冬天普遍穿棉襖，春秋季節穿夾克，夏天穿輕便服裝。衣物多半在家做，女人多半穿長褲，不穿襪子，但受過教育的會穿。傳統的女人都學會做鞋，通常要做鞋送給自己的丈夫，不送會有人說閒話，但現在多半都買工廠做的現成鞋。每個人通常都有兩件背心，男人穿了好看，但女人不能穿得太花俏，否則會被批評。衣服的顏色很重要，新娘子可穿鮮豔一點，中年男女都穿藍色衣物，年紀小於 30 歲，不穿白衣，50 歲以下不穿白色長褲，50 歲以上可穿白色褲子。外套都要有顏色，女人不戴帽子。春天村人被教織布，夏天有人來染布，冬天準備做件新衣過年，但這種習慣在改變。農民已漸不再買布料來自己做衣服，多半改為買工廠製作的衣服成品，女人的工作量減輕許多。但有些手工的衣物仍在維持，很注重品質改

善。衣物的另一重要相關變遷是新織布機的產生。目前老人的衣
物還會用手工做，但也令人懷疑能存在多久？家庭內老少對衣物
的看法多少有些矛盾與衝突。

第五章　家庭的成分

　　本章從廣泛的視野看家庭的成分，比有關係的現世人還多出很多，這是一個複雜的組織，包括家人成員、財產、動物、名譽、傳統及家神等，就這幾樣成分的內涵摘要如下：

一、成員

　　家庭成員不僅包括當代的家庭份子，也包括以往的祖先，及尚未出世的後代。當代的人不用多說，是一家人，同住在一個屋簷下，吃同一鍋飯，作共同的農事與家事，共享收成結果。祖先的精神也永遠存留在家中，開著眼在觀看後代的行為舉止，關係家庭的好壞興衰，當子孫祭拜他們時，就能感覺他們精神的存在。目前許多家庭分子的活動方式都照祖先的規定，兒孫能夠功成名就常是得助於祖先積德的庇蔭，也能光宗耀祖。相反若淪落成乞丐、小偷土匪或妓女，都使祖先臉上無光，會遭受祖先責罰。未出世的子孫也是將來家庭的成員，未來家庭的命運都將決定在他們的手中。

二、財產

　　財產也為家庭的重要成分，為家人共有，家人常省吃儉用，為後代努力累積財產與資金。在農村社會最重要的財產是土地、

房屋、與用具，土地給農民及其家人獨立自尊鼓勵與自在，缺乏
土地，家人無法耕種，無生產與收入，無安全感。房屋給家人一
個永遠安定棲身之所在，並能相聚在一起，各種家庭的發展規劃
與家人的共同享受與感受，都在自家的屋子內發生，缺乏房子，
家人無法安定與發展，也難享受快樂與幸福。房子好壞代表或反
映家庭的收入與地位，有時所代表或反映並不很真，其中必也隱
藏一些問題。用具也是農家的一項財產，有些用具實際上並不很
值錢，但欠缺就無法耕種，不能運作，沒有收成，家人生活就成
問題。

三、動物

　　臺頭村農家重要的動物有牛、驢、騾、狗、豬與雞鴨等，這
些都為家人的夥伴或成員，幫助家人出力做事，盡貢獻，也受家
人愛護。牛幫助農家拖犁，耕田。一生為家庭出勞力，盡貢獻，
主人對牛感情深厚。牛也代表家庭的經濟與社會地位，當兒子相
親時，家中沒有牛者會向鄰居借一頭，拴住在自家門口，表示家
裡田地不少。當牛老時，主人捨不得賣給屠宰場。當家裡的牛死
了，人會感覺比死一個嬰兒還傷心。家中的驢子與騾子的主要工
作在拉車，有些農家子弟喜愛騎在驢子或騾子背上，表示拉風炫
耀，容易吸引心中愛財的少女，施放愛情，答應結婚。不少家庭
養狗，主要用途或角色在看門，夜間有狗看門，主人可以睡得安
心也安全。狗與人友好接近，受到主人寵愛，被列為第一寵物。
若有人虐待狗，會被懲罰。此處的農民養豬，主要目的在收集豬
的糞尿當成肥料，幫主人催促農產品的成長。農家飼養幾隻雞

鴨，為了祭拜祖先或慶典活動時之用，親戚朋友來訪作客時，也可殺雞、鴨，加菜。

四、名譽

家庭要有地位，好名譽很重要。名譽來自五個要素：第一，家中有人當官，像經科舉考上秀才、舉人、貢生等，而得到縣官或更高職位：第二，學者，農家子弟會念書，成為有學問的學者，家庭變為耕讀之家，可享有好名望與地位：第三，富有，富有畢竟比貧窮要容易建立好名譽，唯財富要取之有道，也要用之得當，才能讓人敬重，否則只富有，變成土財主，並不稀罕；第四，光榮事蹟，能打開知名度，讓好聲望給鄉里皆知。第五，睦鄰，對待左鄰右舍很好，受人喜愛與尊敬。

五、傳統

具有傳統美德與家風，像是孝順、勤儉等美德，忠厚老實的家風，敦親睦鄰的善舉等，都能有好名譽。總之家庭名譽的來源，都基於合乎社會價值。

六、家神

每家庭都祭拜家神，包括特有的神及祖先的神靈。家神有屬佛教的，也有道教的。總之自家的神自己拜，目的在求心安與精神慰藉。

第六章　家庭內部的關係

　　家庭生活的真正核心在內部個人相互對待的行為，婚姻及衍生的關係是這種相互對待行為的基礎。本章詳細分析說明作者楊懋春教授所見所感，在民初時期中國北方一個農村的各種家庭內的相互關係。為使讀者較容易一眼便知這些關係的大概，幫讀者分項摘要這些關係。

一、婚姻與夫妻關係

　　婚姻是建立家庭內部關係的基礎，都受父母之命，媒妁之言決定。這項關係的調適過程非常困難，剛結婚後的男人要當好丈夫又要當好兒子，女人面對陌生家人要當個好媳婦，都很不容易。楊教授在書中說明許多按照風俗習慣可當好夫妻與好兒媳的行為標準細節，非常值得新婚者效法，也值得讀者參考與欣賞。新婚時丈夫在家人面前不可常提妻子，不多誇獎妻子。出外回家先看父母與兄弟姐妹，再看妻子。妻子要表示了解與體貼丈夫，不能使他敗壞對家庭的責任，不可太黏貼，但要表示關心。丈夫要幫助妻子克服陌生孤立無助與不快樂，使她感到家的溫暖與可靠，但也不能聽妻子的讒言。在家人面前妻子不直接叫丈夫名字，而是稱她為弟妹的哥，兄姐的弟弟或孩子的爸。兩人不可吵鬧打架，不輕言不合與離婚。

　　隨日子增加，大家庭可能分裂獨立，夫妻關係逐漸成熟，羅

曼蒂克的私密愛情逐漸消退。兩人更多關心與籌劃家庭的發展，
以及子女的成長與教育。夫妻更加尊重對方，夫唱婦隨，但不表
示妻子讓丈夫隨心所欲，也要糾正他的錯誤。到了 50-60 歲，媳
婦已經熬成婆，逐漸掌權，父親的威權從田間退色，妻子成為一
家之主。兒女逐漸聽命於母親，父親失權後可能找妻子出氣，妻
子就更要表示溫柔體貼。當兒子們獨立出去，家裡變成空巢，妻
子的權利也消失，兩老夫妻就更要同病相憐，惺惺相惜，重建老
年的伴侶關係。

二、父子關係

　　一般父子關係溫暖，父親有威嚴，他的權力依附在兒子身
上，兒子小時常被帶出門，父子也常一起在田間工作。但隨著兒
子長大，家中以外的熟人與朋友增加，父子的親情可能變淡。

三、母子關係

　　兒子在小時母子比父子更加同心，但兒子結婚後母子關係可
能受影響變差，母親會忌妒，但開明的母親終會高興兒子與媳婦
和睦親密，婆媳關係也可能變好。當父親死後兒子當家，家中大
事如買賣土地的決定由兒子作主，母親本著女人出嫁從夫，夫死
從子的觀念，只會在旁作證。

四、母女關係

　　當母親的一向都疼愛女兒，女兒在 4-5 歲時都常由祖母照顧，6 歲以後幫母親照顧弟妹，13 歲開始從母親學針線、煮飯及其他，到 15 歲還離不開母親，與母親發展親密關係，與父親距離較遠，但父親對一個好女兒也會真心愛她，只是會受到一些限制。女兒的婚事多半由母親決定，女兒結婚之前母親會教她許多作好妻子及好媳婦的事。女兒嫁出後母親很擔心女婿及全家人不能善待她，直到第一次回娘家，如果消息是好的，母親高興，如果不好，母親會傷心落淚。女兒行為好壞，村人都會歸究到母親身上。

五、婆媳關係

　　婆媳關係有的緊張，有的融洽，但多半未能像母女那麼親密。婆媳之間常有摩擦，婆婆怪罪媳婦，媳婦也不滿婆婆，在這情況下，婆婆較少怪罪她自己的兒子，但媳婦可能怪罪丈夫，影響夫妻感情。當媳婦的德行好時，婆媳兩人感情融洽，媳婦對新家會感到溫暖，也會表現忠心。

六、公媳關係

　　公公如果多過問媳婦的事，冒犯禮節，除非她有犯錯。如果公公對媳婦有不規矩行為，會被所有村人輕視，被罵不是人，是驢子，比馬還不配。

七、兄弟關係

　　兄弟小時常在一起玩耍，非常親密，到一方結婚時，關係也還好，有時會對抗，但還能合作。到兩人都結婚時，受雙方配偶的影響，兄弟感情可能變差，有時會吵架，父母若不能調解，雙方的感情與關係可能破裂。雖然也有家庭中的兄弟婚後還住一起，但終究都會分家。

八、女兒與兄弟關係

　　家中的女孩多半都能受到兄弟的保護，兄妹或姐弟的關係良好。兄弟與姐妹雙方常透過彼此認識了異性朋友，但許多女孩子也會受到男性兄弟的限制。兄弟結婚後各變成他們妻子的人，當姐妹的難免會有忌妒。母親疼愛女兒，保護女兒，也從中調停，兄妹姐弟關係可能變回良好。因為嫂嫂、弟媳婦與大姑小姑常有有嫌隙，女人在選擇丈夫時常考慮到小姑較少的為對象。

九、妯娌關係

　　這種關係有和諧的，也有對抗者，媳婦為討好婆婆，常在婆婆面前爭寵，而成為對抗紛爭。妯娌關係好者，互相幫忙看顧孩子，借用針線及小錢，安排回娘家探親。表現不好者，常會吵鬧打架。

十、大嫂與小叔的關係

大嫂與小叔較易相處，如果小叔特別小，嫂嫂常扮演母職，將小叔帶大，小叔也很尊敬嫂嫂。

十一、弟媳與大伯的關係

大伯與弟媳的關係要十分小心，大伯不能進弟媳的房內，兩人絕對禁止親密關係。這種糗事在臺頭村內曾有發生，受到很不好的批評。

十二、姪子與伯叔關係

姪子要尊敬伯、叔如同父親，犯錯時，伯、叔可以直接教訓懲罰，但程度應不像父親給的那麼嚴厲，這表示對兄弟的尊重，可維持兄弟的良好關係。

十三、祖孫的關係

祖父母對孫子孫女都很疼愛，到中年能抱孫是許多人的願望與目標，老人都以能含飴弄孫為重要幸福的期許。

十四、大家庭內的關係

農村裡存在少數的大家庭，但因分子容易摩擦，很難維持，

需要修護，否則容易解體崩潰，家長的責任重大。大家庭內父子的關係及兒媳的關係是影響大家庭能否維持的基本要素。父子的關係常因兒子太偏向媳婦而有摩擦，致使父親對兒子的勸勉與訓示都被兒子忽視、拒絕、扭曲與抱怨。父子的舊有關係不如兒媳新關係之深，以致父子關係生變，無法再維持大家庭的共同生活，兒子遲早要自立新家。兒子與媳婦的關係，約在婚後的第六年左右會開始生變，容易吵鬧。較早時妻子可能還較客氣，較晚時媳婦在夫家的生活也已較習慣。媳婦的私心，使她護衛自己的小家庭，不顧大家庭，當丈夫的也爭吵抱怨，導致大家不合，父子關係也變差。當全家人都不融洽，不快樂，遲早要分家。要維持大家庭的關係常要以「忍」為重，以「和」為貴。

十五、家族化稱呼

家庭內的關係常用家族化稱呼來表示。影響這樣稱呼的要素有三項：1、年齡；2、適當的編號排序；3、適用的家族關係名稱。

(一)按年齡的稱呼

孩子小的時候，父母及其他家人稱呼他的小名，感覺親近可愛，長大後小名可能還適合某些人繼續稱呼，有些則要改變。小名有的與真名不同，也有在真名之前加上「小」字。到年紀大時，不叫小名，或將真名之前的「小」字改成「老」字。

(二)按編號排序稱呼

在同一屋簷下同輩的人，既使非出自同父母的堂兄弟姐妹，

依年齡大小或出生年月日的先後編號排序稱呼，如排列在第 5 位的，稱他為小 5 或老 5。

(三)按家族關係稱呼

　　家族關係包括同宗族、同姓、母親娘家的親人，或其他親戚。對大家庭內的同輩有稱呼堂哥、堂姐、堂弟、堂妹，與父親同輩的，稱為伯父、叔父、姑姑、嬸嬸等。稱呼母親娘家的長輩為舅、姨，對同輩則稱表哥、表弟、表姐、表妹等。對其他的親戚，同輩稱哥、弟、姐、妹，對長輩則稱伯、叔、姑、嬸，對更高一輩，男的加「公」，女的加「嬤」或「婆」。也可依對母親親戚的稱呼，加上表字。對家族的稱呼，普遍也適用與村人互相稱呼上，其意義重大，具有社會功能，可促進社區的團結。

第七章　家庭為經濟團體

　　本章的重點在討論中國村家庭的各種經濟活動與事物都以整個家庭為單位作考量與運作。這種以家庭為單位的團體性經濟活動，可從共同生產、置產、消費、分配、養老等幾方面見之。都從家庭共同性考量出發，少以個人單位為出發點。

一、生產

　　中國農民家庭以傳遞香火為第一要務，但養比生更困難。要養育生命就要努力生產並節儉消費。小孩子到 15 歲時就被告知要努力工作，否則會沒飯吃，許多窮人的小孩從小就很成熟懂事。農家的經濟生產靠農業，農業生產要下田工作，通常是全家人一齊分工合作進行。就以種植及收獲番薯為例，種植時全家人依體力及經驗自動分工，父親挖地種苗，大兒子提水，弟妹澆水。收獲番薯時，大兒子一大早就先去砍薯藤，父親隨後挖番薯，小弟將番薯撿起堆放，母親與女兒去除根。還要有人捆綁砍掉的蕃薯藤，收工前將田間的番薯裝袋，由動物及人背帶回家。分工合作有時會做些小調整，都是自願，不是強迫性。從事生產工作時父親會借機會告知兒女，要努力作，才能有飯吃，兒女都能明白，不敢懈怠。

二、置產

　　農家普遍較窮，為使生活改善，會努力賺錢省錢，置產買地。楊家過去 20 年一直很窮，但三個兒子都很努力工作，經濟大有改善。大哥努力賺錢存錢，貢獻最大。三個兄弟賺的錢用來修屋買地，大哥幫兩位弟弟辦婚事，自己以太老與身體虛弱為由，未有結婚，但接管大部分家務。同村潘家有四個兒子，擁有一個鑄造廠，一個兒子在村裡的學校教書。農忙時大家一起工作，存錢置產能力較高，成為全村最富有的家庭。每一家庭的分工合作生產賺錢存錢置產的方式不同，但能合作努力就較能興旺。

三、消費

　　農民家庭在未分家以前都共同生產，也共同消費，同桌吃飯，父母可能吃好一點，年輕的女人吃的可能最差。飯桌上有好菜，但有人不在家共享，家人會不安。家庭的生活開支都由父親或母親統籌支付。慶典節日家庭會準備較豐盛的餐食，由全家人共同參與準備，到過年時一定會準備包餃子，有的人要擀麵皮，有的人要切白菜，有的人要切肉、剁肉。準備好材料後，大家一起包，在包餃子過程中大家有說有笑，母親若呵罵小弟，反而惹得小弟更加調皮。個人若有耕作外收入，都繳給家庭，不能藏私房錢，除非是先獲得准許，未出嫁的女兒有機會被默許作工賺一點小錢，供辦理嫁妝用。個人無私錢，所有私物只是一些衣服。

四、分配

　　父親年老時要將土地財產傳遞給兒子，通常是按照傳統的父系制度，平均分配給兒子們，如果較小的兒女未婚，可能保留一點作為結婚費用。分家分產時，通常會找一位家族的長輩作公證人。分配財產時也是將財產傳遞給下一代，是權利下放，也是責任下放。父親常會告誡兒子們，他從上一代沒得到財產，財產都是自己努力賺來的，兒子們也要努力工作賺錢，給下一代能有較好生活，不致挨餓。唯有自己努力賺了錢，要分配給下一代時，才較有份量勉勵與告誡下一代。

五、養老

　　人老面臨扶養的問題，扶養的責任也由家庭自己負擔。兒子分家也分產後，若父母還在，需要保留一點土地財產作為養老用。一般老人喜歡與最小兒子住，如果由幼兒單獨扶養，父母死後那分財產歸扶養人所有。如果兒子輪流奉養，則父母死後的那份遺產由奉養兒子們平分。如果當父母的沒生育兒子，常會找個養子扶養，也繼承財產。養子常選自兄弟的兒子，若兄弟的兒子不行，再從親族中另外選取。

第八章　家庭為初級禮儀團體

　　本章述說為家人死亡辦理喪事以及一年四季當中重要慶典節日禮儀，全家人一起活動的情形。重要的節日與慶典活動包括祖先忌日，過農曆新年，二月二日拜土地公，清明節掃墓，端午節，七月七日情人節，中秋節，神農節、廚灶日等。

一、辦理喪事的禮儀

　　按照傳統風俗人到年老壽終正寢時，兒女都以隆重儀式為其辦理後事，書中對這些儀式述之甚詳。從人尚未斷氣之前，集合家人到其身邊看其闔眼，潔身之後穿上壽衣，入殮，棺木內大體四周置放紙錢，然後蓋棺，封棺，念經守靈，到出殯，入土等各種儀式，家人全在場，並行各種禮儀，雖繁瑣但隆重，不如此隆重怕村人說閒話。其中有一禮節在臺灣的風俗未見者是，人剛過世時，要由家人到土地公廟報備。死訊通知親戚的過程是窮人由人直接通知，富人則印訃聞通知。出殯那天，家人及親友會集，家屬依輩分身分穿各種喪服參加，其中孝男最為重要，披麻帶孝，擔任主要角色與任務。經過漫長的告別儀式，棺木就被抬走到墓地。富人出殯像遊行，會有樂隊吹奏送行音樂，家屬也嚎啕大哭，直到村外停止。到了墓地還有隨行道士念經作儀式，而後入土埋葬。最後送行的人各握一把泥土，放在墳上，脫下孝衣回家。喪禮之後家人要繼續服喪一段時間，算是用盡心意。農民選

擇墓地很重視風水，風水師都說墓地背山面水是最好的龍穴寶地，大家也相信，葬在這種寶地，可以庇蔭子孫富貴。

二、祖先忌日

中國人在祖先忌日都會準備較豐盛的食物祭拜，拜後由後代子孫一起享用。楊教授解讀這種忌日祭拜祖先的儀式與西方人拜神的意義不同，中國人不將死去的祖先當神，而是覺得他們與生人同在，並不把忌日拜拜看成是一種宗教。

三、過新年

農曆新年是全年最重要的喜慶節日，出外的遊子都要回老家與父母團聚過年。在十二月二十三日就要大清掃，準備過年。除夕的年夜飯都只有家人圍爐一起吃，也會請死去家人一起回家，但不請外人，只可給他們食物，所以這晚讓無家可歸的人心碎。過年家家戶戶在門柱上貼門聯，在紅色紙上寫些吉祥期望或激勵的話，具有鼓舞與警惕作用。大年初一大早有人放鞭炮掛燈籠，隨之準備豐盛的祭品包括爆竹、香、蠟燭、甜食等，祭拜各路神明，都各有意義。新年婦人也忙著包餃子，家人互相拜年，且與族裡的人互相拜年。初三送年，送走了請回來過年的祖先靈魂。慶祝新年最後日是一月十五的元宵燈籠節，當晚每戶農家都高掛燈籠。

四、二月二日拜土地公

這日是土地公的生日，土地公管理土地，也即管理農業生產，農民紀念他祭拜他，希望他能幫助農民獲得豐收。

五、冷食節與清明節

這兩節日都在三月三日。來源有多種說法，有宗教性說法，也有說歷史故事者。按《左傳》記載，冷食節的起因是一位王子得位後，他的一位好友要逃避他，被尋找他的王子用火燒，逼他能從藏躲的森林中出來，但這位王子的好友與他母親都不願意出來，寧可被火燒死在森林中，而她門背靠的一棵大樹雖也被火燒，却是冷的。

清明節表示大地回春，田園景觀變成清明。這節日的重要儀式是吃潤餅，兒孫給祖先掃墓，也另有一個習俗是婦女身上要插幾根楊柳枝。

六、端午節

端午節吃粽子，也有划龍舟競賽的節目，臺頭村缺乏水域，因而未有划龍舟的活動。這天也紀念一位對皇帝失望而投河自盡的詩人屈原。這天的習俗還有家家戶戶在大門口豎立旗子及艾草，小孩子戴香包、符咒，都是用來驅除疾病與鬼怪。

七、情人節

七月七日是中國的情人節，故事緣起於銀河兩邊的兩個星座，一為牛郎，一為織女，織女是天神玉皇上帝的女兒，原來很努力織布，祖父怕她寂寞，賞她一個好丈夫牛郎，婚後懶惰，玉皇生氣，要織女回娘家，拆掉兩河之間橋樑，罰他們一年只能見面一次，就在七月七日這天讓他們在原來橋梁所在地方見面。後來故事加油添醋，變成很感人的戲劇。這天常會下雨，象徵他們在落淚。這故事警示工作要努力，才能得到上級高興與賞識。

八、中秋節

八月十五日中秋節慶豐收，這時秋高氣爽，月亮正圓，人神共賀。臺頭村的農民常說七月十五是為鬼，八月十五是為人，這天的美好食物是麻糬。圓月之下詩人吟詩作對，自古至今佳作不下千百件。

九、臘八與灶神祭

農曆十二月八日是神農節，農民紀念神農后稷教導農民八種農耕精神，包括創作犁耙、耕地、種植、看望農作物、飼養動物、挖水池、築溝渠、防治病蟲害等。打獵原是農耕之前人類謀生的方法，故合併一起紀念感恩。

十二月二十三日是灶神之日，感謝一年來廚房與大小灶給家人犧牲奉獻與服務，這天供奉的祭品是四碗乾的飯菜。

第九章　婚姻

　　本章篇幅很長，共有 20 頁，討論的議題很多，沒有標題，一氣呵成。讀者要了解全部內容或概要，都要經過讀完全部，本摘要於讀過一遍知其大意之後，得知重要內容，依其論述順序以列舉標題方式，加以說明，使能幫助讀者較容易較快速攝取內容意涵。

一、婚姻對家庭的意義與重要性

　　中國人結婚的意義與重要性著重在傳宗接代，婚後生兒育女，代代相傳，直到永遠。不婚會無生育，不僅是家庭綿延終結，也是所有祖傳的終結，所以孟子說，不孝有三，無後為大。農民雖然不識字，但都懂得為家庭的存在負責。成年男人的責任就落在要與一女人結婚，並要生育兒女。

二、婚後個人與家庭角色與地位的改變

　　成年男子結婚之後自己及家庭的角色責任與地位都改變，個人不再是小孩，角色、責任與地位都加重。父親家人與村人對他的期望加重，家庭的重擔逐漸從父親轉移給他，對外代表家庭。家有年輕男子結婚，表示這家庭有能力，也有了延續後代的可能，等新婚者再生出下一代，整個家庭的延續與立基就很穩固。

兒子結婚，娶了妻子，給兒子的母親，媳婦的婆婆，很有面子與自信，地位也升高。娶到好媳婦還令母親受人羨慕與尊敬。新婚的媳婦生了兒子之後，自己也升高地位。

三、婚姻的先決條件

　　成年人每人都想，也都必要結婚，但不是人人都能辦到，貧窮常成為結婚困難的要因。男方家窮，女孩子怕嫁過去生活困苦，沒飯吃，男方就很難娶媳婦。家裡若有多個孩子，因家窮，未能結婚，父母很沒面子，在街上走路抬不起頭。想要改善，先要存錢買地，改善經濟，別人的態度就會改變。

　　結婚對象一般都受父母之命，媒妁之言。對兒子結婚對象的選擇，母親重於父親。母親關心選媳婦，也關心選女婿，選媳婦相對較簡單，身體健康，能懷孕最重要，家世清白就行。選女婿著重在其家庭經濟，進而考慮男孩子的品行，身體強壯比外貌好看重要，脾氣與習慣不可太壞。有熟人說親較可靠，沒有，就得找專業媒人物色牽線，經過打聽，確定合適才放心，結婚男女一般男方家庭的經濟都比女方較好。

四、訂婚及婚前的準備工作

　　當男女雙方都認為合適，就要進行訂婚，訂婚在女方家進行，男方送禮，包括禮品及禮金，禮品有喜餅、豬肉、金飾、細軟等，女方當天則要請客。訂婚之後雙方可公開訊息，但兩家人暫不見面為宜，尤其男孩不可去看未婚妻，除非她生重病才能探

望。結婚日期常要再過一年甚至三年，這期間男女雙方都要逐漸準備結婚用品，或相關事項。約到正式結婚前一、兩個月，再下一次聘禮，主要給新娘子的禮物，並討論婚禮的細節。婚禮之前男方要將新房準備妥當，女方也要將嫁妝準備好。

五、結婚日的喜慶活動

結婚典禮在男方家舉行，女兒出嫁時父母及兄弟等家人難免難過。這天男方一大早就要準備中午的喜宴，照約定時間將大轎抬到女方家娶新娘，嫁妝也隨後，都照時間接到新郎家，先進新房休息等待，適當時間出來拜天地父母及兩人對拜，而後到宴客時再出來敬酒，過程中有伴娘作陪，有長輩牽新娘，有新郎揭開面紗等步驟，細節相當多，新婚傍晚還有親友來鬧洞房，結束後兩人才算正式成為夫妻。

六、婚姻的其他相關習俗

時空不同，婚姻會有不同的習俗，以民初作者家鄉臺頭村農民的婚姻與別處的習俗比較，有相同也有特殊之處，將若干習俗的性質再扼要列舉如下：

(一)三種認定

此處的婚姻有三項認定：1、用大轎抬新娘進門，意即明媒正娶，且是初婚；2、迎接新娘一路大隊行列，這表示過程公開透明；3、經過拜天地祖先，表示非常正式。萬一婚姻發生法律

上的問題，這三項認定都將是重要的參考依據。

(二)適當年齡

此處風俗一般男子結婚年齡約為 20 歲，女子約 17 歲。別處有較早的，但本地的人認為過早不宜。窮人家的兒子結婚年齡都可能晚一些。

(三)婚姻知識來源

婚姻知識學自母親或嫂子，很少論及性方面的知識，男生較無處可學。但近來情勢有所改變，男生的性知識尤其豐富，都從青島地方學來的。

(四)單婚制

過去的婚姻確定是單婚制，後來男子娶妾的漸多，也不違法，常因妻子不孕造成，但最近政府開始禁止。本地人都沒有娶妾的，不是因為法令禁止，而是因為經濟不許，也因社會傳統不支持。因為不孕娶妾，其實可用收養解決。

(五)父系制

此處的婚姻家庭是父系制，女人嫁到男方，並冠夫姓。

(六)鄰村通婚的趨勢

同村的人結婚不受鼓勵，因為村內同親族的比例很高，也因親戚在同村容易起矛盾，與鄰村的人通婚最平常，常透過親戚熟人介紹成功。

(七)表親結婚與婚外情

表兄妹結婚被允許，但結果都不會太好，所以較有遠見的人

都不會鼓勵。婚外情常是禁忌，一旦發生女的受到譴責的壓力比男的大。

七、離婚與再婚的問題

　　此處離婚與再婚的例子很少，但並非沒有，離婚的案件多半是因為年輕男子到城裡念書就業後又另結新歡，而與家鄉的傳統妻子離婚的，常會受到親戚朋友批評，但少有效果。許多被離婚的妻子，不懂法律，未能訴求，以傷心收尾。同樣再婚，對女性較不公平，若同因喪偶，男方再娶的機會大，可像初婚辦理。但女的常不再婚，窮寡婦再婚的可能性反而較大，因為較無牽掛與期許，但對象都不會很好，嫁過去也都難有好的對待。

八、鄰村婚姻引發的社會互動

　　農村人口最常與鄰村的人結婚，婚後兩家必會互相往來，也可能引發兩家與兩村的互動更為熱絡。楊教授在本章最後詳細描繪兩位新婚夫妻第一次回娘家時受到妻子家人及村人熱情與好奇接待的情形，到新婚婦女生下小孩後，兩家互動更為自然頻繁，這些都是婚姻衍生的社會後果，但兩家的女人之間互動微弱者也有所見。

第十章　孩子的訓練

　　本章對孩子的訓練，從他出生開始，在不同年齡重要階段父母及長輩分別給他門不同的訓練與教誨，期間從他們出生到結婚之後，共約分成下列幾個不同時期：

一、出生

　　小孩子出生就接受訓練不嫌太早，雖然這時候每一訓練過程他並未有意識知覺，但對他的成長發育健康都很重要。農村小孩都在家裡誕生，孕婦臨盆前請來鄰居或村中有經驗的老產婆到家裡幫忙接生，這時候要請家中男人，未婚少女，小孩都離開，到空房間，保持肅靜。鄰居客人暫時都不受歡迎，除了來幫忙接生的。所有接生所需要的物品都準備到產婦房間，也請一兩位有經驗的婦人當助手，窮人得由丈夫自己幫。小孩誕生後全身被擦乾淨，用棉布包起來，口中點幾滴水，表示開口。母親要吃一碗加糖的小米粥，填飽空腹，躺在床上休息，抱嬰兒吸母奶。胎盤埋到後院或野外。產婆並不收一定費用，主人可隨意給一個小紅包。

二、第三天

　　這天嬰兒可洗澡，後穿上衣服，先穿一個小肚兜，再加小外

衣，慶祝「過三日」。由祖父命名，祖父不在者由父親命。名字
都取積極正面意思的多，寄望很高，很注意與家庭的延續有關。
產婦到第三天也要下床，五六天後可做點小工作，第十天在床上
休息就可告一段落。

三、滿月以後

　　男孩子滿月時，母親娘家要準備一些食品禮物由夫家送給鄰
居好友賀喜，家裡也給小孩準備許多禮物。這期間母親對小孩的
照護有加，父親很怕被吵，常很不關心，很少幫忙小孩子的事，
認為照顧小孩是婦女的工作。小孩在兩三歲以前母親可能又懷
孕，有些婦女在懷孕期間工作照常，有的則回娘家休養待產。

四、3-4歲

　　這時候母親可能將生或已生第二胎，母親注意力轉到小弟或
小妹身上，老大就要由本來睡母親身邊改成睡父親身旁，但白天
母親洗衣耕地煮飯，三、四歲小孩都跟在母親身邊，有時祖母會
幫忙帶開。

五、6-7歲

　　這時候小孩子要到學校念書，在家要幫忙掃地作家事，農忙
時隨父親下田幫忙也學習農事。有時貪玩，隨鄰居小孩跑到野
外，讓爸媽找不到，會受罰。由父親打，父親不在則由母親打，

若打得太凶，祖父會出面求情。男孩子在這年齡，常脫光衣服在太陽底下曬，女子則穿裙子。

六、10-15 歲

這時候小孩常與鄰居小孩玩團體遊戲，在父母能看到的範圍內，女孩子可與男孩子說話，父母看不到時就不行，更不可有肉體上的接觸。這時期小孩子若作錯事，常會被打得更凶，孩子很怕被打，被打太凶時，其他家人會求情。有時父親打兒子是在公開場所教訓他，圍觀的外人也看得出父親真生氣，若教訓得好，村人也會敬佩父親。被打被罰的孩子都能得到慘痛的教訓，不敢再犯錯。

七、結婚以後

父親若看到已婚的兒子做事生活方法不妥，在一家人晚飯以後，會叫大家一起說說話，聽聽訓。對已婚的兒子，在他們妻兒面前，會給他留一點情面與尊嚴，少用罵的，是用說的，主要是將祖先及自己勤奮工作，節儉開銷的歷程經驗，說給兒子、媳婦及孫子們聽，勉勵他們也要勤儉生活，小心治家。能多積蓄買地，改善家庭生活。這時候母親也常會接下說幾句，對一家大小小心謹慎過生活，不犯錯，不無作用。

第十一章　一個家庭的起落

為能較快速較清晰了解本章的要義，將全章要點標示並簡述其內容如下。

一、家庭起落的意義

一個家庭的起落也是其興衰，常伴隨土地的買賣進行。家庭的興盛都經過省吃儉用，買下土地，但無一家庭的興盛能守護到第四代。第一代興起，第二代還可能維持興旺，到第三代開始只知享受，不知努力，花費多，賺錢少，逐漸出賣祖產土地，到第四代將土地賣光。接下去的後代感受生活壓力，重新省吃儉用，再買土地振興家道，形成一個循環。

二、家庭起落與買賣土地的關係

家庭買進土地的過程，不是一下就能買進很多，常是買進很少的土地，也有先經由租地耕種，累積收入，當出租土地的東家要將土地變賣時，承租戶將地買下。也有一些原有土地的家庭，因為花費多於收入，先用土地抵押，向人借錢，後來沒法償還，迫使不得不賣土地。土地買賣價格因地段及時間不同而有差異，遇有買賣土地的轉變，買方會被村人稱讚，賣地的家庭會被覺得羞恥。

三、起落循環反映在全村家庭的現象

　　依照這種由買賣土地看家庭起落的現象，全村的家庭可分成三類：第一類是往上爬升的；第二類是居中持平的；第三類是往下滑落的。土地常有買賣，發生交易時一家歡喜一家愁。因為家庭興衰循環的連續常態存在，各家庭的土地財產起起落落，導致村內各家庭土地數量的差別不大。

四、家庭起落關聯家族的興衰

　　家族是由有氏族關係的家庭構成，當家族內的家庭興旺時，氏族關係緊密也興旺。反之，同家族的家庭衰敗時，家族的凝聚力也低。雖然家族中有的家庭興旺時，別的家庭衰落，但整體看來整個家族也會因時而有起落變化。家族興旺時，包含許多家庭，且各家富有興旺，家族聚會活動很多，族人也能得到家族較多的照顧。家族聚會時講道的重要內容有三項：1、創立祖先的長處；2、祖先設立的規範；3、以祖先為榮，避免違犯祖先遺訓。相反的當家族衰落，族內家庭多半也衰落，各家庭的安危已經自顧不暇，少有多餘能力顧及家族的事。

五、家族存在與興衰的象徵

　　家族具體的存在與實力象徵表現在三件要項上：第一是家族事業的興辦。包括教育、互助救濟、宗教祭祀等。第二是宗祠的維護。第三是族譜的建立。當家族興旺時，家族的事業或活動很

活潑，功能也很好。在教育方面設有家族學校，提拔培養家族學子，設獎學基金。互助救濟方面設有基金，幫助家族裡的貧戶。宗祠都修護得很安全美觀，家族的族譜詳細記載歷代各房相傳人物。家族興旺的時期有成就有地位的族人較多，族譜會有相當詳細的交代，用來教導家族年輕人有關家族的歷史，激勵也警惕他們。家族衰落時。族譜的記載會有較多遺漏。

六、臺頭村家族興衰的實例與相對關係

　　臺頭村有四大家族：潘、陳、楊、劉，另有些散戶。通常潘姓家族最興旺，有族學，家族中的貧戶及孤苦老人都較能得到照顧。族中沒人當乞丐，但近來也漸衰敗，貧窮的家庭增多，道德也破敗。陳姓家族也沒乞丐，每個家庭大致都能自力生活。楊姓家族在五六年前有兩個乞丐，一個不能改變壞行為，另一個墮落成為扒手，也沒改善希望，族人及村人只好由他。楊氏宗親們為他們感到羞恥，曾試過要糾正他們，但無效，只好放棄。其他窮苦族人還有，過年時親族有人會贈送一些食物及小錢，但幫助有限，氏族關係對濟貧雖有一些功能，但功能不大。臺頭村無一大家族能使受過照顧的苦難族人都感到滿意，整體而言，氏族意識也在萎縮中。村中無一家族有祠堂，楊姓家族也然，這家族也未設有教育基金會之類鼓勵後進。族中有一位有抱負的青年，受基督教會的支持，到美國留學，獲得博士學位，回國後未走當官的路線，未為族人及村人看好前程。宗族興盛時族人非常重視名譽，不使受損，有壞的行為會被指責。但衰敗時大家貧窮，道德低落，成員對榮耀沒有興趣，由劉姓家族可看出這情形。潘姓家

族以前很重視名譽，後來有青年吸鴉片、賭博、當土匪，沒長者敢保護，對後代沒學好的，大家也都不說話，常被一些叛逆的子女所責罵。

七、新時代的社會政治管理對家族起落的影響

社會變遷的趨勢摧毀家族對個人的控制，過去一、二十年許多人學會違反家庭與家族，相信自己，不相信傳位的老人。政治混亂，社會失序，在新制度下，家戶變為許多組織的單位，家庭及個人受小組織單位的控制，助長家族影響的衰弱。

第十二章　村子的組織

本章討論的社會組織有很多種，包括正式的與非正式的組織，一些非正式組織是團體性社會活動，各種組織或團體活動共有下列這些：

一、防禦性組織

為防禦土匪的侵犯，村子組織了防禦團體，在村子外圍設置鐵絲網，村人知道如何通過並無危險，白天撤除。第二線設防禦工事，晚上有一人睡在牆後的炮位當哨兵，防禦人員隔夜換班。村中也擁有武器，包括來福槍 50 枝、短槍 6 枝、與土製槍 5 枝，有這些防衛組織與武器，村子少被攻擊。村的組織後來渙散微弱，因為潘姓家族的不妥行為及政府逐漸恢復控制。

二、小學

村中的小學教育學生有關土地、匯票、算盤、以及聖賢留下的有價值之思維與事物。學校的設備簡陋，學生愛讀書的很少。學生在太陽還沒上升前就到學校，早習一個小時後回家吃早飯，然後再返校學寫字，也學孔子教條。午間學校關閉，老師學生睡午覺，下午再習字背誦課文，到下課回家。夏天讀到八時吃晚飯，冬天早一點，晚上要預習課文。想參加科考的學生，要多加

強準備。

　　老式的村學無一定的課文或教本,男生入學後的進度先從三字經念起,每句三字,內容含有歷史、政治、經濟、文學、哲學、地理、倫理等。後讀百家姓,學生常不懂書中意思。二年級讀孔子的論語,佐以其他,內容含有生物、化學、地質學、物理學,也還繼續習字。第三年時讀孟子上下篇、中庸等,也學算盤,老師會解釋文字的意義。第四年的標準教科書有周易、詩集。以後不再升學的就下田或學作生意。大致看來許多學生對學習都無趣味,只重記憶,不重理解,學生在課堂上常打瞌睡,被罵後醒來再背書,實在無味。約到 30 年前,一個新學校成立,課程較有興趣,學生也可學音樂與體育。

三、村的護衛組織

　　村子為共同保護農作物不被牛蹧蹋,不被偷,常請一位護衛者,工資按年計算,也供給飯食。工作計畫由村委員會安排,在每家工作三天或兩天,輪到在哪家工作就在哪家吃飯。

四、處罰偷竊者

　　有些乞丐或窮人會偷小米或豆類等農產物,被抓到,看他的年齡及偷的數量決定懲罰程度。如果只偷少量自己吃不是去賣的,比較可以原諒。小偷若被護衛的人捉到,可能被打。大人被捉到,面子很不好看。若用武器搶劫,罪就很重,被抓到都會被打,並送進官府治罪。

五、公意

公意是一種有力維護社會秩序的工具，也相當是一種組織力量，對大家能贊同的人會給以褒獎，對不能認同的人會給懲罰。使人孤立是一種公意的表現，也是一種有組織性的社會控制力量。村人對於行為不堪的人在不便使用其他控制方法時，常孤立他。但有人臉皮厚，免疫力強，對孤立的制裁並不在乎。

六、保甲組織與制度

保甲制度是政府新規定的制度，人民都要依從。但這種制度強調互相監視，如有人與政府不合，容易被他的夥伴密報，人民不習慣，常不被人民苟同。此種制度的設計，常被用為排除異己。

七、妖術或魔法

一些妖術與魔法也被用為社會控制的工具，有一對乞丐的窮苦母子邀人到他們的破屋子聚賭，母親的一些錢被賭友偷了，她有一妖術可以抓到偷錢的人，辦法是每人滴幾滴花生油在炒熱的油鍋上，沒偷的人就沒事，偷的人就會有不舒服的反應，結果是一個不敢接受試驗的人就是真小偷。有些人要加害於他人也常用妖術魔法，有人將代表新婚男女兩人的兩個布偶縫在一起，使她(他)們尷尬不自在，用來破壞她(他)們的婚姻。

八、與鄰居互通有無互相幫助

　　同住在胡同內的鄰居常會互通有無互相幫助，過一種有社會互動與組織的生活，婦女們常聚在一起閒聊或互借用品，男人則互相幫忙使力，清理較笨重的工作。鄰居的小孩互相學習，或常在一起玩遊戲。孟母曾經三遷住處，為兒子擇鄰而居。鄰居的小孩子們也最愛聚在一起玩遊戲。作者在這章最後部分對鄰居小孩一起玩遊戲的項目述之甚詳，包括老鷹捉小雞，人捉賊，踢毽子，放風箏，下棋，唱歌，過年組織戲團一起唱戲等。

第十三章　村子的衝突

一、衝突發生在團體之間

　　村子內有許多衝突存在於團體之間，村中在許多方面都有些不同的團體，除了不同家族及鄰居的團體，還有階級的、學校的、宗教的等，這些團體之間都有衝突。不同類團體的衝突還牽連到內部與對外的，相當糾結複雜。如下摘取楊懋春教授描述村內各類團體內不同性質小團體間衝突的要點。

二、不同階級家庭之間的衝突

　　同家族中與鄰居之間不同家庭的社會經濟地位會有不同，同階級家庭接近的可能性比同家族或同鄰閭但不同階級者接近的可能性大。過去村中約有 12 戶較富有的上層家庭，自成一個團體，中等階級家庭又另組一個團體，下階級的家庭也非正式的構成另一組。同階級家庭關係較為接近，來往互動也較為頻繁，但到新世代家庭關係有所改變，只富有沒文化者並不為人尊敬，很難成為上等階級。

三、學校之間的衝突

　　臺頭村原來只有潘姓家族設置一所私立小學，後來陳姓與楊

姓家族受教會的贊助另外合設一所，遂有兩所學校之間的衝突。
教會學校的學生家庭有 12 戶信基督教，5-6 戶信天主教，兩種教
徒並非同一類。同教會的家庭都較接近，信仰外來宗教家庭與信
仰傳統宗教家庭也形成兩個不同團體，基督教與天主教又分離。
不同宗教家庭間衝突於是會發生，天主教與基督教徒家庭發生衝
突是為爭教會補助的地位。本村學校的衝突最先發生在陳家人要
進潘家的學校當教師未成，於是聯合楊姓家族設立教會學校。兩
個學校同時存在乃產生劃分學區的後果，教會學校學區範圍在村
子西邊，潘家學校的學區在村子東邊，後者後來變成公立學校。
在兩校衝突過程中，潘、陳兩家族的關係不好，導致曾有被懷疑
潘家族人在夜間裝扮土匪驚嚇陳家族人的鬧劇，潘家族的人也曾
推倒陳家族的婦女貞節坊，並曾有過騷擾對方祖先墳墓風水的事
端，衝突之後彼此都吃到苦頭，最後雙方還是協議擺宴言和。

四、宗教信仰差異的衝突

　　臺頭村的宗教共有兩大類三小類，兩大類是傳統的舊宗教，
與自西洋傳入的新宗教。三細項是新傳入的宗教再細分成天主教
與基督教。天主教與基督教比較相近，但也有差異，各自發展教
友的數量與影響力。在臺頭村內信仰傳統宗教的家庭與人口相對
較多，信仰天主教的家庭最少，三者捲入衝突主要是因為信徒的
子弟進不同學校就讀所引起。但宗教的衝突比社會地位、家族、
學校等三類的衝突相對較輕。

五、家族之間的衝突

　　在家族觀念很受重視的社會與時代，族人會努力保護家族的權利與聲譽，也很容易為了保護而與族外的人發生衝突。臺頭村四大家族中的潘姓與陳姓一向分別是第一興旺及第二興旺的家族，之間的衝突不少，曾經為了分攤學校費用及公共娛樂費用，為了獲得學校教職，以及為了破壞對方祖先風水等事件而失和。家族之間的衝突也捲入校務及宗教信仰衝突的複雜關係中。衝突經常發生的結果，就可能變成世仇，潘陳兩家族成為仇人的時間不短。

六、多種衝突之間的糾結與了結

　　村中的仇恨與衝突由多種複雜的原因糾結而發生。重要原因之一是家族的偏見，之二是宗教的偏見，之三是鄰居的爭吵。家族之間的衝突常因某一家族感受或懷疑受到他家族的侮辱或虐待，有時反射到對祖先的不敬，都會引起家族之間的對立與爭端。較會有不平感受與懷疑的家族，都是較弱勢的家族，弱勢的家族少有能耐與氣力與強勢的家族相爭，要爭也爭不過。宗教的偏見是西方宗教輸入後才發生的現象，本地的宗教與新進的外來宗教在不少觀念上有差異，是造成衝突的基本原因。如果再扯上一些有爭議的俗務，像是學校教育問題，衝突就會明朗化。鄰居之間的爭吵常因小孩的爭端引起，如果上等階級家庭也牽連其中，問題就會較嚴重，常要訴之法律行動。但實際上本村發生的各種衝突少經法律程序解決，法律訴訟成本太高，村人花費不

起。在鄉村地方社會正義也比法律權威更能保護弱勢者的權益。

七、牽聯面子問題的要素

　　衝突與面子問題有關，因為衝突會傷到一些人的面子，因此討論衝突時有必要也討論丟臉以及撿回面子的問題。中國人丟臉表示丟失尊嚴與榮譽，在眾人面前很窘困。要了解有關面子的事，需要分析牽連面子的要素，至少共有七項：1、牽連兩人的社會地位與其他的平等性。如果一個重要人物求他人幫助被拒，真是有失面子。但如果求請的是農民，就不會有此感覺。2、雙邊的社會地位不平等。一個拳擊好手被實力相當的對手打敗並不丟臉、但當被一位較弱者擊敗，就丟大臉。3、有失面子是因有見證人看到。沒人看到就如同沒發生。4、社會關係。如果見證人與衝突者任何一方或雙方都親近，輸的一方就不丟臉，但衝突者面對不熟悉的第三者，感覺就不一樣。5、社會價值或社會認可。人做的事可能與社會價值或認可不同，是錯誤，但不完全是失面子。6、自己對社會聲譽的感覺。越重視自己的聲譽者，越害怕丟失面子。7、年齡與敏感度。年輕人與老人都不如成年人對面子得失那麼在乎，年輕人尚未累積太多名譽，失去面子不必太擔心。老人較成熟，感覺較多元，有較多可原諒之處，就不會太敏銳感受到丟失面子。一個人面子得失多少，與其敏感度成正比。

　　在這章最後兩頁，楊教授使用對話的方式表達七點關聯面子問題要素的可能狀態，句句逼真，讓人讀之頗感實在與贊同。

第十四章　村中的領袖

一、村領袖的類別

　　農村中的領袖分兩類，官方的領袖及民間領袖，前者是經選舉後由官方認定得出，有一定的頭銜職責與功能，不能隨心所欲，要按規矩行事。依照老傳統，地方的正式領袖共有市長、村長(莊長)、鄉約(村里幹事)、地防(警察)等。地方最高行政長官的市長，管理多個村子，村長是本村人，由最大家族的潘家人已當了十餘年。鄉約本來是政府的傳令及收稅員，現在也可反映村民的意見給政府，不必是本村人。警察抓犯人，向政府提報告，安排和解紛爭，組織夜間巡邏隊等。

二、村長的選舉

　　官員中市長及村長都經選舉產生，有興趣的人可自動提出參選。民國以後，市長改為區長，與村長同樣由選舉產生。一戶一人出席會議及投票，上階層的家庭常沒出席，農民也沒大興趣。村長選舉在學校舉行，過程並不很正式，沒有投票箱。開始時主席說明選舉重要，選出優秀能幹的人替國家及村民做事，並說原來的村長做得很好，是否請他連任，接著老村長表示年紀已大，也疲倦，推辭一下，但大家還是推舉他。有一人就起來讚賞一下，贊成老村長繼續連任，有人贊同，主席再問有沒意見，沒

有，大家一笑，就算選舉結束。其他官員的選舉都差不多，甚至更隨便，村長的助手多半從鄰長當中選出。

三、潘冀老村長素描

　　臺頭村的村長由潘家族中的潘冀(Pan Chi)當了十餘年，此人沒田產，也沒其他副業，他有三子可工作，自己全部時間與精神都用在村長上，算是成功的村長。他任職後大致無欺騙違規，但對有關全村及他個人之間的利益玩一點小花樣是有的，大家認為也還合理。潘冀能言善道，喜歡演說，村民對政府有意見時，他能勸說打消意見，是一位很能協調的中間人。但不敢責備上級，很會逢迎配合，也會在大街上對他不喜歡的事大罵發飆，他自認為能言善道很重要。潘村長是社會能力很強的人，曾經遊歷滿州，在東北時曾帶隊進入內地打獵。遷來臺頭村以後常到鎮上走動，對各種官場的人都能應對自如，為人活躍也勇敢。他耗盡父親的家財，很浪費，不愛做農事，但不被村人認為有缺德行為。他收佣金，替士紳做事不覺得羞辱，被官府罵也不覺得有失面子。

四、村長的職責

　　現任村長是老村長潘冀的兒子，很像父親，但道德比父親差一點。小時家庭窮，當過廚師，打過工，不愛農事，也不喜歡做生意，被前村長找來繼任，開始經過訓練，也能稱職。村長的重要具體職務有幾種：1、村中有事村長一定要出面，代表村交

涉：2、代表村民向政府請求並解釋；3、扮演地方防禦工事的角色；4、召開全村會議時當主席；5、有人分家時當公證人；6、常要出席婚喪喜事；7、可得金錢與禮物的補償，但適可而止，太誇張會被改選。

五、村中非正式領袖

村中除了正式領袖，還有不少非正式領袖，他們不是經選舉與指定產生的，是自然形成的，都是令人羨慕與尊敬的人，對他人有影響力。共有士紳、族長、牧師、教師、特殊技能者、婦女領袖等。臺頭村第一高位的非正式領袖是一位成功的商人，小時窮苦，經自己刻苦努力省吃儉用，經商成功後熱心家鄉的事務，村人有事常請教他，都能解決。他為人謙卑，已退休，住在小農場。楊家有位牧師，小時也很窮苦，靠自己努力而有後來的成就與地位，也受人尊敬。潘家出了一位教師，也成為族長，小時也很窮苦，努力讀書。到了民國以後，教育改制，他不辭辛苦，繼續進修，每天在寒風中走 20 多里路到進修的學校，終於完成學位，也受村人羨慕與尊敬。潘姓家族中還出了一位美少年，外表衣著言談不凡，特別富有裁定能力，受人喜歡。另外一位軍人很健談，也有點滑稽，很有野心，但未能贏得一官半職，一直很懊惱。他控制所有村裡的事，堅持要使村子在全鄉鎮行政問題上有些聲量，村中的領袖及士紳也讓給他做，不反對他企圖成為領袖。村中的基督教牧師是外地來的，對村內的事務較不熟悉，較少能發揮領導作用，但天主教傳教士是本村人，對教徒參與及解決公共事務的問題就能帶領得很好。

六、村領袖的條件

　　年齡不是當領袖的必要條件，但通常人到生命後期時，重要的優良品質才會呈顯出來。大家也相信上年紀的人都有許多寶貴的經驗，年輕的世代想當領袖者都得找年長的領袖當為模範，一個領袖的成功在於他對村中人民的知識。村人也常認為經驗是成為領袖所必要，而經驗却與年齡有關，領袖的條件歸因於年齡、財富與學識等三要素結合而成。

七、正式與非正式領袖的關係

　　非正式領袖的角色對正式領袖非常重要，缺乏非正式領袖，正式領袖將難有所成。士紳是非正式領袖，目標常是為村子的建設計畫，或只是持一種負面的態度，若與正式領袖的行政者想法與做法相左，都將使正式領袖面臨僵局或死路一條。非正式領袖經常躲在背後，沒有他們的諮商與支持，村長等正式領袖都將難有所成。非正式領袖常非直接介入正式領袖的業務，但常被正式領袖請去發表意見。非正式領袖不常影響政策，却會左右公意。在協調家庭之間或家族之間的衝突時，非正式領袖常比正式領袖重要。非正式領袖與正式領袖的關係是一種上層與下屬的關係，在公共事務上正式領袖認真工作，非正式領袖指導他們。當地方正式領袖從上級取得建設方案時，都要先與地方士紳族長請教商討，才能執行，執行起來也才較有效果。在舊時代非正式領袖有聲望與地位，正式領袖兩者都缺乏，推行公務常需要非正式領袖點頭與協助。

八、特殊技能的領袖

　　有些領導者既不是官員，也不是有影響力的地方人士，而是因握有特殊技能，成為師傅或帶頭的人。劉家有位師傅訓練兩個徒弟都很有名，楊家有位青年跟兩位師傅學做生意，後來又訓練幾個小徒弟，都成為業界的佼佼者。今天老師傅還在，雖然不再像以前那麼有名氣，但徒弟們有問題都會請教師傅。當年輕的徒弟不能取信於村人時，經師傅出面推薦就行。這類特殊技能的領導功能存在於木匠、鐵匠、泥水工等業界。

　　村中也有一位受過教育的婦人，努力鼓勵村中的婦女加入教會，並在教會組成唱詩班，引導其他婦女替教會貢獻勞力。她不因為忙碌教會的事而忽略家庭，她的家庭提升領導力，她被認為是一位好領袖。養育四個兒子，有兩位是專業人士，村人認為她很成功，過世時，教友對她默哀。村中其他的非正式領袖還有不少。

第十五章　村子與外地的關係

一、村民最常到最近市鎮買賣物品

　　臺頭村最近的市鎮是新安鎮(Hsinanchen)，此市鎮服務周圍二十餘農村，本村為其服務的農村之一，村人也視此鎮為自己的市鎮。這市鎮的範圍比周邊任何一個農村的範圍都大，有一條大馬路，兩邊都是商店，幾條大小道路會集到一個廣場或中心點。本村與其他周圍農村的居民都經常到這市鎮買賣物品。市鎮上的商店很多，販賣物品的種類也很多，商店有柴米油鹽香料、藥店、飯館、旅店、五金、布料、衣物、打鐵、木器等，應有盡有。店門一週開七天，從早開到晚，還有特別市，在特定日販賣一些特定物品，村民也可將各種農產品帶到街上賣，街上不同的地段買賣的商品不同。來交易的客商有本鎮的，也有縣內其他鄉鎮或外縣市的。

二、最近市鎮的設施與對周圍農村的功能

　　市鎮街除了提供村民買賣場所，還有其他多項目設施與功能：

(一)有一模範學校

　　革命後市鎮設立一所學校，已有很多年，在這所小學可讀六年。臺頭村的子弟在村子讀完四年後可到此學校再讀兩年，完成

小學的學程。學生進此學校可認識他村的同學，村裡學校的老師可常到這學校與這校的老師互相討論教學與行政問題，星期假日同學可互訪，這學校成為社區組織的核心。由於鄰村學生成為同學之誼，也造成他村的兒童來臺頭村的學校上學。

(二)建造聯防中心

土匪猖獗年代，各村都有防盜措施，並在市鎮上設一防盜單位，共同結合成一聯防中心。此中心已設立多年，近來聯合措施更為加強，曾經有效打擊過土匪。

(三)村人常到鎮上茶樓飲茶

村裡的人不少常到茶樓喝茶是事實，目的固然有休閒娛樂兼辦他事與會友者，但也有一項很怪異的動機是，因為經濟惡化，假裝若無其事天天喝茶，以免被拆穿破產，勉強維護社會聲望，這樣喝茶的道理有點不可思議。

三、村際的共同宗教活動

臺頭村附近的村與村之間共同活動不多，但臺頭村有兩間寺廟，兩間神壇與兩間教堂，外村人參與的活動也有一些。村中兩間寺廟是關公廟與曾參廟，兩間神壇一間拜牛王，另一間是在九月九日由婦女祭拜。這些寺廟或神壇都用土地財產及公費來維護。當天氣乾旱時，村民先向海龍王求雨，如在求乞後十天內下雨，就要辦一場感恩祭典，以牲禮祭神，並由地方領袖帶領以樂隊配合。感恩祭典約在數月後農忙過後舉行，活動到第三天開放給鄰村參加。合辦的村子在小河流的另一邊，合辦慶典的兩村人

一起欣賞音樂節目，結合成像同一社區。但很不幸，曾因為兩村人對戲臺位置的意見不一，及費用分攤不平的干擾而停辦。

四、工商業化以後與外地關係的變遷

工業化與商業化以後，農民對他人生產物資的依賴隨之增加。自己生產的只有糧食農產品，其餘的物品都要靠外邊供應，買賣服務成為組織地方社區的要素。村子與外界透過市鎮與外地相互依賴，與兩個在北兩個在南的稍遠小鎮交易量明顯增加，與青島的關係也更加密切，倒是與最近新安鎮的交易量變少。由本村銷售出去的農產品有小米、小麥、黃豆、花生、蔬菜、水果、雞及豬等，由外地買進的有從一處漁港買進魚貨，從一工業小鎮買進一些比較精巧花俏的工業產品，與青島直接買進或經其他市鎮轉運進來多種物品，有麵粉、棉花、石油罐及許多工業產品，從此自給自足就成歷史。

五、與外地的人口移動

過去本地的人口相對穩定，但總有少數人會遷移東北，在那裡有較大片土地。幾十年前有一人移往滿州務農，在五、六年前又遷移回來。很不幸，遷回來後買不到土地，他個人失望，村子人也沒得到好處。四十年前在南邊的村子有位姓薛的，因妹妹嫁到本村，他一家五口人也遷移進來，但也買不到土地耕種，只好捕魚及打零工維生，生活並不好過，後來經人勸告，搬到山東的東北部去了。

　　近來村中外出人口不少，多半是年輕人，一些是到都市就學後不歸者，也有原來在村子種田的年輕人，外出到青島或其他都市工作，賺到錢後帶回現金及新奇的物品，引發當父母的也鼓勵年輕人外出，每年都有年輕人陸續往外移。

第十六章　天賜的故事

　　本章細說村中一個男孩自小成長到他結婚並在大學任教的過程，故事曲折生動感人，若沒猜錯作者是在寫他自己。內容按照成長時間先後而寫，但沒有綱要標題，本摘要者代其列舉，使能較易一目了然。這位男孩在回憶記憶時約已四十歲。名字的立意是父母感謝神賜給他們這孩子，他在父母親的男孩子中排行第三，兩位哥哥，一位姐姐，一個弟弟，一個妹妹，但妹妹很小就過世，對他的影響很大。

一、幼兒時期體弱多病

　　天賜在小的時後常常生病，幾次父母都幾乎放棄他，但都活回來。會生病是因父母未能妥善照顧他，不是忽視他，實在是照顧不過來。生病時曾經找住在墓園裡的女巫來治療，都無效，父母就讓他自生自滅，但沒死，後來他還自嘲自己越老越強壯。

二、小時自負跋扈的個性

　　天賜在 6-7 歲時很自我中心，能自制，但跋扈。他要求事事要能使自己喜歡，不然會感到挫折與迷惑。他並不喜歡到學校，曾經逃學躲到空屋裡，被哥哥找到後被大人打過，後來又躲到菜園裡，再挨打。天賜喜歡惡作劇，愛玩各種遊戲，他曾經騎在動

物背上，打牠讓牠跑步，但會被大人罵，荒唐到此結束。以後正
常上學，但還是不用功，老師在時他打瞌睡，不在時最會惡作
劇。漸漸的老師與他父母得到一個結論，強迫小孩子念書是無效
的。為懲罰他，讓他對自己的野心失望，讓他能感悟到田裡的工
作不如讀書那麼有趣。

三、老兒童磨練辛苦的農務與家事

　　天賜的年齡到 8-9 歲時父母要他做些老兒童的工作，幫哥哥
放牛吃草，到田裡工作，他會去捉魚，摘花，找鳥巢裡的蛋，對
這些事很喜歡。他還常要割草餵牛，慢慢也喜歡這工作，但少受
父親誇獎。在高粱田割草，很悶熱，生起過希望能出生在富人家
庭的意念。他也經歷看顧農產品，看到有人偷瓜，與他村孩子打
架，幫大人種田等事情，感到厭煩。母親常要他看顧弟妹及姪
女，一看要一整天，他對些事很沒興趣。他的二哥懦弱，當他家
小孩欺負二哥時，天賜就會出來營救。放牛時愛與其他小孩玩在
一起，烤番薯、豆子、花生、小鳥等。天賜是一個喜歡惡作劇及
頑強的男孩，他聰明精靈，雖還年輕，但詭計多端，頗受更老的
兒童讚賞與原諒。他也常被派照顧家中的驢子，從田裡背負農產
品回家，一天數次，連續多天，涉冰冷的溪水，冬天寒冷，凍傷
耳朵及手腳，覺得無趣，心裡難過，暗中流淚。

四、上山撿拾乾柴

　　為供應家庭的燃料，天賜與哥哥及其他小孩到離家五里遠的

西山撿拾乾燥的木柴樹枝及草料。天氣好時，去時一路上有唱歌
與歡笑，倒也好玩，到了目的地爬山涉谷撿柴，到中午肚子餓了
吃攜帶的食物喝溪水，途中偶會看到松樹上的蜜蜂窩，會取下蜂
蜜吃。撿拾柴草時大夥人常會失散，單獨一人時會感覺興奮又害
怕，像被丟失在荒野中。在山中看到巨石及深谷下的溝水有種奇
妙的感覺，說不出所以然。這時聽到狗吠聲及廟裡傳來的鐘聲，
他喜歡這些聲音，感覺離人群還不太遠。但聽到強風吹過山頭樹
梢及河谷時，他迷惑了。在太陽下山時，大夥人一起回家，哥哥
挑著柴草，自己的籃子空空，但不覺可恥，因為其他較小孩子的
籃子裡都一樣是空的。回家的路上大家都很疲憊，回到家看到母
親與姐姐都在等他們回來，晚飯也準備好了。這些是父母要他們
勤儉的紀實與原則，他母親帶領一家人很清楚了解，人只要努力
工作，不亂花錢就能有飯吃。

五、勤儉的家訓

　　天賜家的田地不多，要養一家人必須要努力工作並要節儉。
因此一家大小無一人懶惰，節儉也是給家人壓力很大的家庭美
德。天賜兄弟絕不被允許用一毛錢買糖果、玩具或消遣娛樂，只
在新年到別的村去看一場戲，並得一點小錢買鞭炮。父親節省到
很小氣，學校要繳費用，天賜也不敢開口，使他心情沉重。有一
次假日師生一起要到鄰村遠足並看戲，他不敢向父親要錢，由同
學代付，晚上被母親罵，但天賜則另有想法，怕說出父親就會要
他到田裡工作，不讓他參加。天賜在用錢上受限制，使他沒辦法
享有他人能享有的許多休閒娛樂，也因此可以免被一些不良的娛

樂汙染帶壞。母親也常告示不可花費時間與金錢在沒用處的遊戲
與娛樂上，要用在讀書及工作上。

六、與家人的關係

　　天賜與哥哥及姐姐感情都很好，與大哥曾經一齊去西山撿拾
乾柴草，還一齊去搬運石頭，幫助村裡教堂強化圍牆，這是父親
的承諾。兩兄弟到西山的河谷邊撿拾大小適當的石頭，這時在荒
山裡四周無人，天賜感覺大哥是他的保護者。回程大哥用肩膀
挑，天賜則牽著驢子搬運，一天三趟，共花一個月時間完成。二
哥性格很不一樣，溫順柔弱，當別人欺負他時只會退縮與哭泣，
天賜義不容辭替他打過幾次架，不但責備欺負的外人，有時也怪
罪自己的二哥，引起兄弟之間的爭吵。天賜並不喜歡與二哥在一
起，但父母常要他照顧二哥。有一晚上天賜與二哥開玩笑，引起
爭吵，導致父親要打兒子，先認為哥哥應讓而未讓，後覺得是天
賜的錯，天賜準備被打，二哥向父親求情打他代替，天賜年紀
小，不懂二哥的好意，後來在母親勸阻下，兩個兒子都免挨打。

　　姐姐是家中唯一的女孩，父母偶而允許她到外面找朋友，都
由天賜作陪，兩人很有話說，女孩子常喜歡做一些小物品，常問
天賜的意見，天賜都給她鼓勵與欣賞，姐姐很高興，也很喜歡替
天賜做一些小東西，天賜都很感激接受。她在做些手藝時，常找
天賜當幫手，兩姐弟感情最好，後來天賜幫助她學識字讀書，讀
寫都沒問題。不久結婚，姐夫到青島及上海工作，幫過天賜一家
人的經濟，是好親戚，也成為要好朋友。

　　天賜在父母面前只有遵命，當他逃學時，父母不高興，當他

努力讀書與工作時，父母對他寄以厚望。父親對他的前途並不很關心，只會帶他下田工作，但從來不給他零用錢，也不給玩具，但自己很愛省錢存錢，很節儉，給了天賜很好榜樣，但也劃上一條裂痕。天賜還有幾次被父親痛打或嚴厲責罵，一次是因為鄰居一隻小狗偷吃東西，被趕走後又回來，先後幾次，使人生氣，差點把狗弄死，鄰居狗主人婦女很生氣，告到天賜父母，父親工作回來已經很累，火上加油，手拿鐵鏟要打他，姐姐站在中間解救他。另一次是天賜看到一位傳教士的小刀很漂亮，向他借幾天，時間到時捨不得馬上還，再多借兩天，要還時卻找不到，又不敢說，傳教士告訴他父母，差點也被毒打。是母親說情及姐姐保護解救了他，但讓他對父親的暴行，覺得不公正，倒有一點想到要自殺。後來姐姐在穀倉裡找到這把小刀，還給傳教士，也不知何時掉落的。

七、母親之死

天賜的母親過世以前生病很久，白天由大嫂照顧，夜裡由父親坐在旁邊陪伴，天賜要幫忙許多家事。當病情嚴重時，已經嫁出去的女兒被叫回來，兒女們圍在床邊，夜間無法睡覺，傷心流淚。一個晚上母親忽然坐起來，傳喚所有子女，告訴他們，她死不必悲傷，葬禮不可花太多錢，她告訴天賜的大哥大嫂，要多照顧最小的弟弟，並看他結婚。大家要虔誠信奉基督教，接著她轉過頭告訴天賜的父親，她很高興有好兒女，要大家不要難過，神遲早都要大家回到他的家，在那裡大家可再見面。天賜不太了解真正的意義，只知道這是一種告別，這時全家氣氛混亂，全家人

也精疲力盡，看到母親過去了，大家都嚎啕大哭。天賜一家人都
信奉基督教，母親未死之前有一天告訴牧師，天賜想當教師，問
牧師他是否能當成，牧師說他是一個聰明的小孩，只要他愛讀書，
一定能當成，天賜在旁邊感到難為情，但暗地裡感覺受到鼓勵。

八、與父親關係改善

　　天賜就讀中學時母親過世，姐姐也已出嫁，當他在假日回家
時，夜間常到父親房間與他長談。父親一邊編製稻草雨衣，一邊
聽兒子講他在學校所學的新鮮事，聽得津津有味，有時會反問。
長久以來父親的沮喪有時會連續好幾天，沒什麼道理擔心田裡的
事及家務。本來母親是唯一能給他鼓勵的人，自從母親死後再也
沒人能幫他。天賜讀過書，能看到他人深處的問題，所以他很同
情父親，並給他安慰，多少能替代母親對父親的服侍。父親年紀
越大，天賜給他的感動越來越深，父子也成為要好的朋友。

九、特殊友情

　　家人之外天賜與村人的關係都不錯，與一位自小時一起放牛
割草的鄰居同伴特別要好，兩人還同進過老式的學校，離開學校
後還一起玩。當天賜再升學，這位好朋友就成為農場上的幫手，
但他們的友情繼續存在。天賜與幾位表兄弟姐妹也都很要好，他
們多半較年長。提到感情，最使他難忘的是與姐姐的深情，但越
老兩人的距離越遙遠。他與弟弟年紀相差很多，兩人的感情較少
有交集，但當母親死時，兩人都心碎，天賜用手挽著弟弟的頸部

說：「你不用害怕，我會照顧你，保護你。」很幸運，天賜無須實現誓言，父親及其他兄弟都把他照顧得很好，他們感情也長久存在。

十、日本侵犯與村人逃難

滿清時候青島割讓給德國，德國人曾到過鄉村打獵，給天賜留下驕傲與偏見的印象。兩次世界大戰日本都入侵中國，日本軍人也到過臺頭村，第一次來時人數較少，村人曾奮力抵抗，第二次來時人數很多，更加殘暴，到處搶奪，農民也不得不避難，讓天賜非常痛恨。家裡的女人與小孩攜帶食糧躲到西山，天賜與其他男性家人未逃，但日軍來時也要躲藏起來。

十一、功課成績出色引起村人注意

天賜在小畢業前曾代表學校到縣裡參加作文比賽，名列前茅，畢業成績也得第一名，獲得縣長獎，頒獎那天全家人很高興，穿著特別整齊去領獎。這事在村中及鄰村傳開，大家都很羨慕與尊敬，村中潘姓族長是學校老師，對功課好的學生特別注意與愛惜，天賜使潘、楊兩家族變成更加友好與親近。他畢業時是在母親死後一年，接著考上中學，在中學期間常當老師的助教，畢業後擔任小學老師。後進大學，畢業後結婚生子。寫此書時他是大學教師成員，曾經替家庭買進土地，蓋新房子，因他的成功，提高家庭的社會地位。

第十七章　村子的明天

一、本村的人文區位條件與改變

(一)自然條件

　　本村地理位置坐落在幸運點上，全年氣候溫和，生長季節雨水豐沛，偶而會有小水患，但不嚴重，土壤品質平平，但可種多種作物。

(二)與外界關係的變遷

1、與大都會的關係

　　本村與附近的城鎮接觸頻繁，最近的大都會是青島，在過去對本村的影響不大，但近來因交通運輸方便，影響逐漸增加，給本村不少利多，這種進展也變為更加快速。

2、遷移人口的角色

　　村中不少年輕人到青島等都市工作，賺錢寄回買地或建屋。已婚者妻小都留在家鄉，未婚者也因父母及其他家人都在，常會回鄉探望。要結婚常從家鄉娶一位由父母看中的。這種將勞力貢獻給城市，將在外面賺的錢、新觀念及新方法帶回家鄉的人口遷移，使鄉村與城市的發展能取得平衡。這與歐美國家的人口遷移造成都市人口擁擠的情形不同。中國人回鄉不是因為鄉下比都市好，而是因為鄉下留有祖先的根，這種愛鄉的感情能將鄉村的傳統保存下來，也保存鄉村的健康，鄉村地區因移出人口回鄉，而能與現代文明接觸並適應。

二、農業問題與改進

　　本村的主要產業是農業，現存的農業問題不少，分項別類述
說要點如下：

(一)農業生產問題與改進

　　本村農業生產上最基本問題是每戶每人平均產量與產值都很
少，原因是土地面積小，分布零碎，農業資金缺乏，人地比例太
高。解決辦法之一是，由一些人力到城市工作，使城市與鄉村雙
方都能有較好條件發展。

(二)農地分配問題與改革

　　農民的土地數量少，零碎分散，機械化困難，有的離家甚
遠，來回工作耗費時間。田埂界限占用土地，也易有爭論。作者
建議由土地重新分配，按等級，先由政府買進，再以公平合理價
格與分配相等價值的數量賣給農民，使每戶土地能較集中（本摘
要者按：這種政策建議相當臺灣實施過的農地重劃。）

(三)病蟲害問題與改進

　　此地農作物的病蟲害相當嚴重，重要的蟲害有三種，一種是
損壞花生及番薯等根部的土蟬，一種是損壞蔬菜及豆類等葉子的
小米蟲子，另一種是損傷小米等幼苗的夜盜蟲。要防治缺乏新方
法，農民使用老方法無效，必要研究與創造有效的新方法。

(四)灌溉問題與改進

　　菜園灌水用手工，很費力，當氣候乾旱時，農民只好等待希
望。農民常使用宗教方法求雨，也有用打井的方法，但水位太

深，非常困難，必要有合作性開發水源的方法。

(五)婦女農業工作角色與改進

一般女人在花生及番薯種植與收成時或摘取豆子時才下田工作，他們的工作任務多半在菜園及脫穀場，對家庭勞動的角色也很重要，再做更細密的規劃與利用，貢獻還會更大。

三、農家生活問題與改進

總結村子的農業與經濟條件，不是很壞，村民都還有飯吃，但生活品質並不是很好，問題很多，分項扼要舉出如下：

(一)食衣住基本生活問題與改善

村民的食物很不調和，營養很不平衡，冬季很長時間沒有蔬菜吃。衣、住的條件受社會文化的影響比受經濟的影響大。改善營養應是重要的飲食改進之道。

(二)個人衛生問題與改進

村民的衛生習慣及村子的公共衛生都不是很好，人及動物糞尿肥料帶有許多細菌，汙染食物。村民中得肺病及眼疾者很多，兒童患胃病的不少。人民的衛生觀念守舊，要改良衛生，有許多事要做，由教育改進衛生習慣，是很根本的要項。

(三)公共衛生問題與改進

住處擁擠，環境骯髒，民眾很少了解骯髒與疾病的關係。公共衛生的改善需要結合經費，教育與行政。

(四)維護家庭經濟單位的重要性

　　從社會方面看人民的生活，楊教授在書中很強調維護家庭為生活單位的好處與重要性，說明甚多。過去農家的分子賺錢、用錢，生產與消費都以家庭為單位，不是以個人為單位。近來村中年青人出外工作賺錢者不少，不宜將賺的錢放在自己的口袋，自己花，要想及整個家庭的經濟生活，將錢交由管理家計的家長處理，家長管錢也要公平合理謹慎，不使家人紛爭與破裂。農家生活改善要從許多方面入手，要努力種田，也可到農業外工作，鞏固經濟安全。以家庭為經濟單位可維護家人的良好關係，進而建立良好的鄰閭關係，發展社區組織。但要維護家人的良好關係，越來越困難，常會因家中婦女們吵鬧而破壞，年輕人也漸無感覺家庭結合的重要性，有必要注意防犯家庭的破裂。

(五)婚姻的展望

　　過去婚姻的當事人，在結婚之前多半彼此都互不認識，在婚後才開始認識並調適，也能經營成功，過好一輩子，主要是男女雙方背景相同或相近。展望婚姻的和諧，還是要靠忍耐與體諒，年輕的一代特別要注意與努力。

(六)離婚問題

　　過去離婚一事幾乎完全不可能發生，一旦離婚就將可能復合的機會打破，要一輩子背負污名。婦女知道離婚是不可能的事，遇到不易相處的男人或家庭都用忍耐及愛來包容。作者不反對由忍耐一時的不和諧，而能換得免於陷入較長久的苦難。

四、對村組織的看法

作者對目前全村的組織指出三項大缺點，第一，村中領袖導向傳統，避開創新。缺少娛樂性、建設性及福利性的組織。維護保守傳統可免壞處，但不能新增好處，值得領袖們注意考慮。第二，村內組織細分，缺乏全村的結合。組織以住處相近、相同家族、及相同宗教為基礎，容易造成村的分裂。需要走向全村一致性。第三，對家族的興趣態度濃厚，所有組織除了階級性的，都直接或間接由家族決定。以上三個問題的存在導致村民對全村的公共事務不關心，不能稱為民主社區。

五、建設村子的對策與檢討：農村復興計畫

鑒於農村社區存在許多問題，政府在戰後推動一項農村復興計畫，藉以促進農村現代化。這項計畫從整體性的視野針對鄉村地區各項實質方面推動建設與發展。但推動起來問題很多，重要者有下列這些：第一，村中缺乏領袖。這一問題存在於地方士紳不希望年青人出頭，老人勢力推不倒，對新計畫也公然與之衝突，致使新計畫發生危險，這需要精細的調整及英明領導來改善。第二，缺乏法律基礎。在中國許多村子在公共事務上的衝突都因背後由公意支持的私有媒介介入決定，少有法律基礎，常有偏見與公意。農村行政要能需要結合現代法律體系與經由公意及傳統的老式控制體系是很重要的前提。至於如何結合，作者指出可參考美國泰勒教授對構成社區的理念作為參考依據，其理念是使社區能有較大範圍形成共同興趣與職業，來充實生活內容並能

集體提供服務與環境。這樣的範圍楊教授主張在中國農村要能擴大到全鄉鎮。

六、鄉鎮為社區範圍優於村里社區的理念

(一)鄉鎮為理想社區範圍的理念

　　社區的概念要有兩個基礎，地理範圍與人口，範圍要更大，人口要夠多，才能較有多元的興趣與職業可結合，結合後互相服務才較能使大家容易滿足，但也不能過大過多，否則共同的社區意識不易凝聚。

(二)鄉鎮社區建設或發展的展望

　　中國的鄉村社區若以整個鄉鎮為範圍比以村子為範圍在許多方面的建設與發展都會有較好的效果，這些多方面的優點可從下列要點見之：

　　1、建設經費的籌備。以鄉鎮範圍籌備經費比以村子為範圍籌備較容易，也能籌得較多數量。2、交通建設方面。以全鄉鎮為範圍，通往外地的道路都較方便，村民到鎮街上買賣更頻繁，可突破以村子為自給自足生活範圍的侷限，可提升社區居民的生活水準。3、行政區域與保甲制度的磨合。近來政府實施新行政體系的保甲制度，規劃以十甲為一保，十保為一鄉或一鎮，若以鄉鎮為社區單位，將每一村當成一保，大的村子可不必分裂，小村不必與他村合併，在建設上較能統一整合，較為自然。4、農業發展方面。以鄉鎮為社區範圍，在推動農業建設上較能做有利規劃，例如要推動農業機械化，可在鄉鎮街上設立農機置放及修

護中心，為便利農業資金的流通，可在鄉鎮街設立農業信用合作社，為便利農產的交易，也可在鄉鎮街上設立農產品交易中心，都比在村子裡設立較為可行。5、工業發展方面。在鄉鎮街會集周邊工業生產原料較在村子會集方便，也有較大公路可將產品運往外地，在鄉鎮街發展工業都較在村子發展適合。6、教育發展方面。較高階的學校要在較廣闊地理範圍內才能召募足夠的學生。在村子裡可設小學，在鄉鎮街還需要增設中學或職業學校。7、醫療發展方面。長期以來村民常到街上看醫生買藥，在村內看不到也買不到。8、娛樂中心的發展。在娛樂服務方面，村子能供應的很有限，在鄉鎮街能會集較多消費者顧客，要發展才較有可能。從這些多方面看來，未來鄉村社區以鄉鎮為範圍，較能充分自給自足，在這樣範圍內人民的自我意識也還相當強。各種發展規劃以鄉鎮區為範圍較為合理，也較為有效，村子將是整個鄉鎮社區的一部分，未來的前途也將與鄉鎮社區共存共榮。

中國之社會結構

(Chinese Social Structure)

第一篇　基本社會概念

第一章　孔學(儒家)理論與相關學派的社會區分(Social Distinctions)說

　　本章述說孔子、孟子、荀子三家對社會區分的重要概念。社會區分是建構社會結構的基本概念之一，西方社會學家常用社會分化(Social Differences)一詞。本章說自古時中國社會理論家的興起係因封建制度敗壞後社會秩序混亂，社會思想家及哲學家為社會病態提出療方，乃發展出各種說明社會與治理社會的學說或理論。

　　孔子對社會區分的理論將人分成五類，即庸人(The Stupid)、士人(The learned)、君子(The Superior)、賢人(The Worth)、聖人(The Sages)。庸人不選擇賢達，不努力工作，小事計較，大事糊塗，忙碌又無規則，隨波逐流，難能擔當大任。士人有原則，有長遠打算，遵守法律規章，說話明白有道理，待人接物不失禮，不在意富貴，不為貧窮所苦。君子知行合一，內心平靜，忠誠互信，有美德，不驕傲，思慮清晰有條理，言談易被人接受，遵守紀律道義，努力充實及實現自己，做事踏實，值得栽培。賢人有賢德，言論可讓天下人仿效，可委以大任。聖人品德符合天地之道，能與萬物自由相處，明白萬物規範，知道天地大道，品德高尚，但使人不覺得他有異樣，這種人可用來拜師。

　　孟子的社會區分學說主要是將人依職業及責任分類，人的知

識技術與訓練不同，職業偏好有異，職業不同也就成為不同的社
會團體，以此概念成為他的社會理論基礎。這種分類自然也必
要，將人分成用心(腦力)者及用力(勞力)者，用心者治人，用力
者治於人，這是普世原則，具有分工思維。

　　荀子的社會哲學也認為人可分聰明才智者與平庸愚笨者兩
類，受天生影響較小，後天影響較大。他堅信人性本惡，必要由
社會組織與制度來管理，社會才能建立與運作。他也堅信人要一
起營生，才能避免貧窮與災難，要分工合作才能完成營生任務。
社會組織是在安排社會區分。

第二章　其他學派的社會區分說

　　此處所指其他學派包括墨子、法家、道家、佛家及叛逆的平等主義者等。墨子同意儒家，認為人有優異與從屬之分。優異者治理人，從屬者工作討生活。從政治上看，越多的人就有越多的不同觀念，彼此不服他人，天下就會大亂，乃需要有統治者，最高統治者為天子。墨子的兼愛非攻之論，要求人要無差別性相愛，否則天下大患，兼愛利己也利他，人對待他人的愛要如同對待父母一般。他反對戰爭，戰爭對大家都無好處。墨子重功利主義，注重的是國家人民之利。他的另一重要理論是尚同，是要認同上級，不與下比，避免各持己見而有紛爭，這需要由組織來達成和諧。

　　法家的要角有商鞅、慎到、管子、韓非子等。這一學派不否定社會區分的存在，但在法律之前人人相同，這與儒家對待上等與下屬的人應有不同的主張不一樣，商公書、慎到、管子、韓非子都有同樣的主張。

　　道家的重要人物有老子與莊子。老子的社會哲學是人不能被許多規則及領導者所統治。他認為限制與禁止越多，人民會越窮苦，法令滋章，盜賊多有。人受干擾，就難有秩序。想要統治天下作些事者，終會一事無成，最好的統治方法是無為而治。他理想的人像嬰兒，理想的國家是小國寡民，人與鄰居之間能聞雞鳴狗吠。莊子的哲學更遠離社會區分，他認為不同的物不會一樣，每個人也不一樣，都有自己的喜好。將人加以編組劃分，有違人

的本性，各種政治與社會制度都將迫使人痛苦。他的政治社會哲學是完全的自由，人能自由才能幸福，但自由建立在平等的基礎上，他的平等不是立足點平等，而是依據個人的判斷標準而定。用道作為標準，就能看出像大鵬鳥般的大視野，大格局。莊子的平等或無差異概念，令許多事物不需要也無法比較。像大與小，高與低，老與少，好與壞，對與錯，以及有價與無價，強與弱，甚至生與死等。老莊的哲學與儒家的很不一樣，因而成為與儒家哲學相抗衡。

　　佛家對人有兩大重要看法，一是強調人要自力更生，無須社會的幫助，二是每人都有能力成佛，但只有能堅持到底者，才能修成正果。人生來平等，靠自己改變社會及宗教情勢，成果就不同，這看法與儒家看法相同。佛教中的禪宗強調道由心生，認為要了解世界，必須走入深山，遁入空門，避開社會組織。佛教自魏晉南北朝傳入中國，隋唐時代傳遍全中國，後來與哲學結合一起，到宋代成為新儒教。佛教對中國社會思想與實務產生重大影響。

　　本章最後探討反叛性思潮的平等主義，重要理論家多人，楊朱的貴己說，主張追求個人獨立的自然權利，也強調自己的重要性。依其理論社會組織與制度的取捨全看對自己有無用處。依此法則，人對社會區分的社會傳統都不需一顧，因會綑綁自己的生命。許行是農學家，也是思想家。他主張君主與人民並耕，反對君主設倉存糧，也反對糧商中間剝削。宋經則輕視社會區分的用處。彭蒙、田駢、慎到等的理論不重視社會區分，也不堅持個人主義。總之這些思想家重視自己之說，反叛了社會組織、社會區分與儒家的禮。

第三章　成就與世襲的社會地位

　　在封建社會許多社會地位是世襲的，生在統治者、貴族、工匠或貧農之家，就成為那個階級的人。人要努力改善只能在自己的階級內進行，很難突破階級的藩籬而晉升。中國在周朝以前社會階級多半是世襲的，少有可由平民接受教育考中科舉而晉升階級地位的例外。周朝的封建制度崩潰以後，世襲的地位快速降低，春秋戰國時代，天下分裂成許多國家，各國競爭激烈，互相競用人才，民間有才能的人有較多機會晉升成統治階級，或是侯門的食客與幕賓。孔子一方面倡導周朝的封建體制，另方面教育學生，培養他們的才能，成為有資格有能力擔任統治者官員。後來的教育繼承者也將平民學生培養出士大夫人才。

　　中國歷史上社會階級雖非全不流通，但在許多方面仍有很大的限制，世家門第的把持與維護還是相當森嚴。婚姻關係與社會往來就很講究門當戶對，上層門戶很少願意與下層的門戶通婚。司馬遷的史記裡記載不少世家的史料，楊教授的書中舉出若干有趣的歷史例證，說明在不同等階級之間，要打通社會往來之路不容易。故事有一位沒落士大夫王原下嫁女兒給低社會地位的富有人家，卻被同階級人責難的苦事，一位高官也是頂尖學者沈約上奏皇帝，對這事也有抱怨。梁武帝時對出身低微的愛將侯景，批示他不可將女兒嫁給王、謝兩個貴族家人，應嫁給朱、張兩姓或更低地位的族人。書中列舉類似這種階級流通受限的歷史故事還有幾個，表明中國史上社會流動不是開放的，是有規矩在保護高

地位者的，九品中正就是其一，好官位都被政治上有權位的家族
所保持與占有，低層民眾少有插足與進取的機會。

　　總結起來，中國歷史上社會地位在周朝以前是封建世襲制，
以後封建制度崩潰，地位可經個人或家庭努力獲得，但家族的高
地位常經過三五代後就沒落，地位就由別的家族取代。士大夫階
級運用政治權力，築起保護自己利益的高牆，維持權勢期間通常
較久。直到南北朝時式微，到唐朝時快速沒落，正如蘇軾詩云：
「世家不可持」。

第四章　名望形成的元素

　　本章述說中國歷史上重要社會名望形成的元素，也是其成分或基礎，這種元素、成分或基礎在漢朝前後有相當不同之處。漢朝以前自周朝封建制度崩潰以後，天下分裂成許多國家，彼此競爭劇烈，各國為求生存並企圖當為各邦盟主，除致力國內政治、經濟與社會的結合穩固，也強化軍事，作為防禦與攻擊他國力量。這些國家大計都需要各方面人才的投入才能達成，於是天下間具有這些方面行政能力的人乃吸引統治者的注意，這些人也獲有政治聲望，如鄭國的子產，齊國的管仲，秦國的商鞅，出身低微，但才能出眾，因而享有高的地位與名望，他們是當時第一類有好名望的人。第二類有好名望的是軍人，國家為增強軍事實力，許多優秀的軍人，尤其是軍官等擅長使用兵器與統御部隊者，與曾經打過勝仗者，都為統治者所歡迎。軍人打勝仗後都得到很好的酬報，給官職封土地，論功行賞，依戰功大小封縣、郡、或土地百畝等。第三類高聲望的是具有政治外交能力的人，因為國家為求生存必須與鄰國做好外交，外交政治人才極為需要，有此能力者必然享有高地位高聲望，蘇秦與張儀是這方面最著名的兩位。第四類是學者，因為他們具有知識、智慧、技術及其他能力，甚至包括詐術，都為統治者及侯門所歡迎與倚重，由他們提供人生經驗、社會關係、經濟福利、與政治問題的經驗與論述，供為治國的參考依據，孔子是享有學者盛譽的第一人。由於周禮與學者的教誨，年齡長者也有較高地位與聲望，因有較豐

富知識與人生經驗。社會正義也是從古至今社會名望的重要來源，這種正義建立在工作與對鄉里、家庭或他人的服務上。

　　自漢朝以後戰亂停息很久，軍人的地位與聲望減退，學者的地位與聲望崛起，漢高祖從馬上得天下，也自知不能在馬上治天下。後來的皇帝也都敦促學者遵照孔孟之道，治理國家，讀書人享有很高的地位。國家設立「察舉」與「徵辟」制度，前者從鄉野中察覺與舉荐有才德之人給國家，後者則是朝廷徵用民間人才為官之道，也由上級權威者頒贈榮譽或儀典給有優異才德的人。具有被推薦與被徵用資格的人共可涵蓋或分成十餘種，如有美德、正直、說話坦白、勇敢認錯、對國事有智慧看法、具有聖賢知識、有當官潛能、有文學成就、具備陰陽自然知識、有布施資格、有戰爭知識且不畏戰、孝子、其他對氏族、鄉里、公共事務有貢獻的人，勤奮的農民也不例外，但工匠或經濟優勢者就沒享有提升聲望的機會。從列舉的察舉與徵辟的項目，也可看出自漢朝以後建立社會聲望的元素大為增加。

　　(筆者附註：中國的春秋漢朝時期臺灣恐還在蠻荒時代，這些中國史上的社會性質與當時的臺灣應無直接關係，但對今日的臺灣社會卻有深刻的影響，在此讀古時中國社會的這些結構，應有由知古而知今之效。)

第二篇　基本社會單位

第五章　家庭與家族

　　本章篇幅相當長，共有 42 頁。楊教授在本章開始先簡要說明家庭與家族的定義與在社會結構中的地位，進而探討中國家庭結構的性質。對於家庭的定義指是有血緣關係且同在一個屋簷下吃飯生活的人，成員的關係是初級性的。家族是有親屬關係的數個家庭結合的團體，在農村社會常存在同一村落中，或分布在鄰近的幾個村落內。進而他討論到家庭規模與結構，指出西方人對於中國家庭傳統上是擴展式的大家庭，當前變為是核心式的小家庭，並不全對。有不少家庭會有父母與結婚生子的兒女同住，大致上型態多樣而複雜，擴展式與核心式家庭會互變的。

　　家庭內部的關係是家庭結構的重心，其中父子關係是主軸，討論最多。對母子、夫妻、兄弟、姐妹、姑嫂關係的意義與問題也有論述。父親對兒子的養育與期待，兒子對父親及家庭的責任至為重要，是家庭興衰的關鍵。作者在此論述當兒子的四大責任是孝順、傳宗、奉養、安葬。對這幾種責任可能產生的問題也多有闡明。母子關係重在情感表示與感受，夫妻關係著重丈夫要養家，妻子要輔佐，夫唱婦隨。家庭美德也講究兄友弟恭，姐妹要相親相愛。不少婆媳、姑嫂與妯娌會有衝突與矛盾，是麻煩事。

　　接下本章的重要議題還包括家庭是經濟的基礎、是社會基礎、家庭的分類、家庭的結社、喪葬圈、家族、家族的功能、近代家族的變遷趨勢、宗族與相關概念與名詞等。家庭是經濟與社會基礎意旨許多經濟與社會活動都以家庭為單位進行，而非以個

人為單位，前者像農業工作、經商、消費等，後者像是育兒與養老，參加婚喪慶典與公務等，原因是家庭能盡的功能較好。在村子或社區中的類型可分成上中下三等或更細分，主要以經濟條件與名望而分。在社區內有家庭的結合，常以等級、親族或鄰居為結合基礎。喪葬圈是由宗族或親戚組成，按規矩共同參與並互相幫助。宗族的功能包括共同祭拜祖先，設立基金、公田、公學校及其他福利事業，服務宗族內的人。宗族關係是家庭關係的擴大，在傳統的中國社會相當受到重視，成為維護社會和平穩定的重要力量，稱謂的名詞相當細緻也繁複。

第六章　農村

一、外觀

　　中國農民多半聚居在村落中，與西方國家的農民都散居在他們的農場上不同。農村外圍的農田屬於村內農民所有，村子的結構有幾條大路，農民的住宅都沿路建築，房子周邊的空地栽種蔬菜，成為菜園。村人的田地上也散布墳墓，埋葬死去的家人。富人家的墳墓壯觀，窮人家的墳墓簡單醜陋。中國北方農宅的大門多開向小巷，少向大路，南方的村莊常沿著小溪流建造。

二、村子的起源

　　中國農村的緣起是先有人到新土地上開墾耕種，先來時可能一家或多家，若是前者後來發展成氏族村，若是後者，後來的村人就有多姓。集村的形成原因主要有兩個，維護與發揚氏族關係，以及共同防衛與互相幫助，防衛土匪的入侵搶劫。

三、村莊的類型

　　中國的農村有多種類型，一種是居民全是農民，雖有少數做手工藝，但主業都為農業。第二種是含有手工業及小生意的農村，農業外的生意也可做到村外去。有些村子也住小地主、讀書

人或當官的，會有幾座較大的房子，村中有較多店鋪，但這類村子不多。相反的有些村子住的人都是貧窮的佃農，房屋外觀矮小破落，村內貧瘠，少有樹木。也一種有圍牆的村子，顯得較為優越堅固，也安全。這類村子不多，圍牆也常經久未修，到內戰時政府才鼓勵村人修護，抵擋入侵的匪徒。村子的家戶及人數，有大有小，大者住有三、五百戶人家，小者有約只二十到五十戶。一般北方的村子規模都較大，南方的較小，廣東、廣西及福建有不少氏族村。

四、村落的組織

農村中有不少組織，有因氏族關係，或因共同防禦受害與保衛安全而興起。其中有由鄉紳領導組成，也有由政府強制人民組成。地方領導者的心態與品質關係組織的好壞，有些私心重的領袖將村組織帶向地方主義或結成黨派。有些組織事務擴及多村，成立村際的組織，水利與學校組織常是村際性的。

五、官式的村里制度

農村的傳統官方制度有保甲、里甲、社倉、鄉約等，有沒效率，說法不一。一派認為這是從上往下壓制的成效，另一派認為這些制度是崩潰或死亡的，作者楊教授從多種史料上發現後者的說法是對的。在他看來各種官方的制度都成為地方頭人欺壓善良農民的工具，只有保甲制度稍有幫助鄉民自我防衛土豪搶匪侵害的功用。

六、自我管理

　　中國農村的公共事務多半由村中的領袖自理，縣爺官府少有插手。好的地方領袖可將地方公共事務辦好，但壞的則會欺壓底層百姓。好官人能幫助好的地方領袖辦好公共事務，壞官吏則會與壞的地方領袖勾結串通，破壞地方公共事務。過去中國政府未能辦好地方公共事務，重要原因有三：1、無為的政治哲學，2、基層缺少有經驗的行政官員，3、交通運輸條件原始。

七、村中的領袖

　　傳統的村領袖有兩類，官派的及自然產生的民間領袖，前者代表官方執行職務，後者則代表民意。官方的領袖辦事要與民間領袖商議，民間領袖的社會聲望與地位比官派的領袖高。民間領袖常由其學問道德與名望高於他人形成，形成過程非一兩日而就，常經過許多時日的磨練與醞釀而成。

第七章　鄉村社區、小村群與鄉鎮街

一、村際關係

　　圍繞在鄉鎮街周圍的農村或地理位置相近農村都有密切的關係，鄰村的農民農地可能相連，平時就會有較多互動的機會。社會秩序不好有土匪作亂時，村與村之間也會聯合起來共同抵抗。鄰近村子的密切關係還可能因為其他多種因素而建立起來，包括小學生在同一學校念書，共同或輪流舉辦業餘休閒娛樂與宗教慶典活動，共同防治蝗蟲肆虐等。(摘錄者補述：臺灣鄉村之間常有婚姻的交往關係)。

二、鄉鎮街

　　傳統的中國鄉鎮街可分成五種，第一種是農村型的集市，供周圍農民販賣農產品及購買農用品的地方。第二種是規模稍大，有較多生意，有一中心學校，及少數休閒娛樂場所，如飯館、戲院，也有鄉鎮公所等(臺灣還有農會、衛生所等)。第三種是更大型的消費市街，服務的範圍更廣，內住有地主、商賈等有錢人，通常設有城牆，抵禦土匪入侵。除了商業，也提供社會與政治服務。第四種是工業型市鎮，存在各種工廠，如造紙、紡織、瓷陶器製造廠等，服務範圍更廣，可從農業外賺到錢。第五種是商旅交通要點，有可供旅客歇腳過夜的旅店，附近農民可將農產品或

手工藝品賣給過路的旅客，這種地方常有著名的特產品。

三、鄉鎮街的功能

　　本章將鄉鎮街的重要功能分成經濟、社會、教育等三大項。在經濟功能方面是附近農民購買農用品與販賣農產品的地方，第二項功能是農民消費者購買衣物等工業產品的地方，第三種經濟功能是金融服務，農民常要到鄉鎮街上的錢莊借錢或存錢，也常與糧商往來販賣收成的農產品，或於農產品未收成前就賣青。窮苦小農民有時會受到錢莊與糧商的剝削。

　　鄉鎮街的社會功能主要是給附近農民會集見面問候及交換訊息，也在見面或一起活動時得到社會化的機會。村子的領袖也借到鎮上會見他村領袖時，交換訊息，了解社會問題，共同提出解決辦法。新年過節鄉鎮街上有熱鬧時，四周農民可能攜帶家小一起去看熱鬧，從中長進社會知識，認識朋友。有些社會活動參加的單位包括範圍內所有的農村，更有助村民的社會參與。舊時代鄉鎮街的茶樓常是附近各地較有知識與程度的人會集交談的地方，常到的人不僅可交換新訊息，增長見識，也能提升社會聲望與地位。

　　在教育功能方面，鄉鎮街上有較高階學校、較優秀教師、較完善設施，成為周圍農村子弟接受進階教育之所在，這些高階的學校也成為周圍農村較低階學校的教育指導單位與示範中心。鄉鎮街上的教育功能還存在於一些說書者或戲院，用口傳與演藝傳達各種道德教育。

四、鄉鎮的地理範圍

　　書中的這部分分成規模、人口、包含村莊數目、範例、交通運輸方法、結論等六方面說明。書的作者特別討論鄉鎮街地理範圍是將此種範圍看成像美國討論鄉村地區交易圈或買賣區一樣，稱為鄉村社區。就鄉鎮社區規模大小看，楊教授列舉河北、山東、四川、長江下游平原地區鄉鎮範圍的大小，差別相當大，從半徑 4、5 里至數 10 里，或 20 平方里左右至 3、4 百平方里不等，主要受人口密度及交通運輸條件所影響或決定，人口密集的地區，通常鄉鎮區的範圍較小，但交通條件好也會影響人口密集地區的鄉鎮範圍會較大。在書的作者所在的山東省，一個鄉鎮的人口數約在 5,000 人至 6,000 人，也有多至 10,000 人以上的。一個鄉鎮內的村里數從最少的僅由十餘個村到多至百個村以上。鄉鎮範圍內距離鄉鎮街最遠的村子來回街上要一整天，除非有重要事故，通常很少去，除了因為花時間，也因為出門在外飲食也要多花錢。在本節鄉鎮街範例的部分，書的作者舉出北安徽的大店、符籬集、江蘇南京附近的堯化門及淳化鎮等，作為實例，分別說明提供周圍村民交易場所、學生就讀、方便交通、到寺廟教堂從事宗教信仰活動，需求醫藥等功能。有關村子到鄉鎮街上往來的交通運輸工具，作者記憶在交通不發達的時期主要靠走路、騎腳踏車、動物背負或拖車、抬轎、使用筏、舟或汽船等。他還使用四個統計表別呈現在 1920-30 年代中國不同區域鄉村交通的多種方法、運輸工具種類與農產品運輸的距離的關係，及每噸農產品運輸每一里路的成本費用等。最後對這小節做了幾點結論：鄉鎮區範圍大小不一，從半徑 3 里到 30 里都有，不同地區鄉鎮

人口數也甚不相同，從 4,000 到 70,000 都有。交通方面原始也多樣，北方陸路多，南方水路不少。

第八章　其他人口集中地點：
　　　　　都市鎮與港埠

在中國比農村集市聚集較多人口的地方有三種：都市、市鎮
與港埠。城市與市鎮及港埠不同的地方是前兩者都是政治與衛戍
重心，包括縣市、省與國家級政府所在地，也都有駐軍保衛政
府、官員、富人及其他有高名望的人。

一、縣城

縣城有大有小，大縣城的政治與經濟地位與功能比小縣城的
高很多，前者有城牆，住宅也較壯觀，代表政府保護人民，維護
太平，並謀人民福利。但事實上政府對人民的福利貢獻有限，多
半由地方領袖在籌謀與貢獻。城市的文化意義也很重要，通常有
著名學者居住其中，市內有收藏書籍與藝術品之處，並有教育與
文化機關，有舉辦考試選拔官員的貢院。經濟方面大縣城的商業
買賣比小縣城數量較多，品質也較好。有許多手工藝品，有錢
莊，有良好的交通運輸。小縣城較像鄉鎮集市，房屋建築、學校
等級都較差，學者較少，政府功能也較不足道，主要在收稅。

在縣城裡，氏族關係已不重要，被其他社會關係取代，商人
的關係主要建立在生意上，民間普遍重視感情關係。人與人的感
情建立在多種關係上，但都不缺友誼與溫情。

二、省會與國都

　　一般省會都比縣城大，但有些省會則坐落在一級的縣城處。省會是一省的政治中心，山東的省會在濟南，遼寧省會在瀋陽，太原、西安、成都、桂林、長沙、廣州、蘭州也都曾是省會。在早時省會都有用為考試的學堂及講學的孔廟或書院，有多個各級公立學校，也有圖書館及文化機關等。書院培養出的學者，有的去當官，當官時住在省會，未當官時則隱居鄉野，較能安靜做學問。各地的學子於國家舉行考試日都會集在省會，後來有些學問較好的人也變成喜歡住在省城的，縣城或更小都市就會流失人才，相當不利。就經濟面看，省會是消費城市，有較多商店，販賣較高品質的貨品，供應衣食住行所需各種用品與設備，也有較高等級的顧客，有些省會後來發展成工業重鎮。

　　本章列舉了歷代國都地點，書中說明其建設特性，有些國都遺留下不少重要的文化遺蹟，有的則普通平凡。一般在國都所在，也都少再強調氏族關係，一向也較少成為戰火之地。但在1900 年代英法聯軍燒毀圓明園，是國家的一大恥辱。

三、商業城

　　商業城有別於都市，也與市集不同。其主要業務是營商，商人只為賺錢，商業市鎮內少有政治與社會功能。這種商業城，未有建築圍牆，未能顯示政治與社會聲響，少數有城牆是因過去舊政府與軍事要地遺留下來的。傳統上這種城市內重要的建物是店鋪、商場、交通設施、倉庫、旅館、餐廳，沒有農家及較有文化

的住家，許多市民都是單身。這類城市坐落在公路經過之地、河流出口或海邊。多數商人的活動著重在休閒娛樂、飲酒、賭博、吸鴉片、逛妓院等不良行為。山東省這類商業城有虎頭厓、龍口、大辛店、石島、濤洛、大汶口、周村等。

四、港埠

　　中國許多港埠是在清朝末年政府腐敗與外國戰爭失敗後割讓或租借土地給列強設立通商港口發展而成的，分布在河岸或海邊。重要的這種港埠有上海、天津、漢口、青島、大連、廣州等，這些地方後來都發展成大型都市。國內都市與這些港埠無競爭力，原因之一是港埠受到皇權的保護，另一是中國的經濟、技術、組織落後。在這些割讓或租借之地，港埠的經濟活動大權操在列強手中，占有與租約國收購原料或製造成產品經過這些港埠運往母國，也運來外國產品銷售給中國。在割讓出租區域內外國人成為自主的統治者，華人成為買辦、公務員、簿記或苦力，後者經濟生活雖也有改善者，但成為社會的次等人口，社會生活不健康。住在租借區的中國人不少人成為文化的墮落者、不成熟者與混亂者。買辦是文化墮落者，因輕視中國傳統文化，又未能準備好接受日本與西方文化。不少人是文化不成熟者，因為對西方文化只知皮毛，缺乏了解其精神。有些人是文化混亂者，因為不知如何應對文化及社會生活。

第三篇
帝制中國的階級結構

第九章　理論性的階級結構

一、前言

　　社會組織的二元論分成水平與垂直兩系統。水平的系統分類，不分級；垂直的系統分級也分類。封建時代的垂直系統最上者為天子，下分諸侯、卿大夫、郡主，再下是平民與奴隸，諸侯、卿大夫與郡主可獨立治理其管轄區域。中國社會自古有階級性，安排社會使能較有秩序，人民生活較安定與平順，沒有階級的社會就常需要政府介入維護社會秩序。中國的階級之間可流通，印度的就不行。中國底層的農民經努力讀書，考試合格，可變成士大夫，封官升職。官員解職返鄉，也成庶民。但古代的商人工匠藝人僕人都較無地位，也不能升級。(按摘錄者看：有錢商人暗中買官的也有所見，但不是明定的制度。) 職業分類是水平性的組織結構，是謀生的方法，可互相改變。務農的子弟經努力讀書，可能高升士大夫，家長常以此勉勵後代上進。

二、階級的種類

　　中國傳統的社會階級有五種分類法：1、君子與小人之分。2、貴賤之分。3、貧富之分。4、有無受教育與才智高低之分。5、統治者與被統治者之分。君子與小人之分主要是依據道德水準而定，也與社會地位與政治職位相連結。君子有德，應享有高

社會地位，也才能從事公共事務，領導大眾。小人的廣義涵意除道德欠缺者外，也包括底層低階的人。貴賤之分也與道德、在社會上的價值及能否治理公共事務有關。將人分成貧與富也與社會道德一起看待。社會上的人貧富會有差別，富有得之有道，才是可貴，富有得自無道，並不可取。窮人若是正當做人，像是清廉官吏，到退休時兩袖清風，能贏得世人尊敬。教育也是區分社會階級的一項重要指標，包括就讀學校的等級、獲得的學位、考試等級以及個人的學識才智等，都計算在內。統治他人者與被統治者在階級上有區分，也涵蓋其家庭。統治他人的官員及其家庭被人稱羨，但也很危險，若有違法亂紀，常會被關或被殺，還不如普通老百姓。社會上階級的存在是必然的，階級與組織結合，社會生活才較有秩序。革命常將原有階級搞亂，但過後常會恢復原有的秩序。

三、士農工商

　　另一類中國傳統社會階級的劃分是士農工商。這是以職業為基礎劃分的，但不全是水平的意義，也有垂直的關係。四者當中從上到下是士農工商，士在上位，農位居次，工商墊底。士能居最高位是因為較有知識與能力，也多懂孔孟之道，較有資格當官，管理人民。士的職業主要是當教師與做官，但也有不少無業者或務農。無業的士包括學生、考不上科舉無事可做的，以及懶惰的人，常依賴家庭生活，像是寄生蟲。退職官員的士，也有回鄉里種田的。古時農業能成為四業的次高位，有三個重要原因，第一，中國一向以農立國，農為重；第二是歷史上長時間輕視工

商；第三，不少讀書人的士，出身農家。其實農工商並不全然分開的，農家與工藝家庭會將產品出售，而有從商性質。有些商人也要自製產品出售，而具有工匠的性質。傳統上這種士農工商的階級安排到了 20 世紀民國時代起了很大改變，工商業賺錢機會增多，地位升高，農民生活困苦，淪為四業底層。

　　總結中國歷史上社會階級結構，基本上呈兩大部分，一部分是有名望的上層階級，另一部分是農工大眾，其餘少數為他種階級。社會上有許多制度使這麼複雜的人結合組織在一起，過著較有秩序較安定的生活。

第十章　社會實際的兩個等級

一、前論

　　有影響力與聲望的貴族家庭對社會階級與穩固社會關係的形成與存在非常重要。漢朝時的世家與晉朝時的門第就是壯大的貴族家庭或家族。世家是指當官的富有家庭，門第是代表世家豪門的聲望與地位。世家豪門與一般家庭是分離的，普通大眾家庭也認同豪門世家，在他們面前自認低一等。歷史上世家門第的興起由五個原因形成：1、自兩漢以後就有姓氏，大官常選自世家門第，成為世襲。2、九品中正腐化，常為維護自己利益，在自己門戶內選官。3、社會態度改變，下等人羨慕上等人，上等人依賴也歸功於家庭背景。4、經濟因素。後晉六朝以後貴族不必付稅，或少付稅，使許多人喜愛變為貴族。5、我群的心理感覺。北方異族入侵後，有些異族也仿漢族改以漢族父姓傳家，有者仍用原來的姓氏，一些南遷的大戶有用僑姓，原來南方的大戶則有吳姓，互別苗頭，用意都在維護貴族的尊貴與用處。當大官的大戶人家掌握權力與利益，世襲給後代，歷代子孫也都努力維護家德、家風與家譽。在六朝時代貴族對社會政治與經濟的影響很大，掌握政治權力，操控政策，有些好貴族信守舊道德，幫助維護社會與政治秩序。有些不好的貴族，自私自利，累積財富，不滿皇朝的對待時，就起而反叛。也有貴族因生活奢侈，使政治腐化，敗壞社會經濟風氣，不顧普通百姓死活，被百姓痛恨，致成

與一般民眾對立。

　　至六朝時，許多大戶家的人喜愛清談，專談老莊與佛教，影響士紳與民眾的對立更尖銳、更糟。到唐朝，唐太宗勵精圖治，試圖消滅大家族勢力，不再使其壯大，大家族要生存就要靠努力成就，不能再靠世襲，無功於國家就要被淘汰，子孫不賢的貴族大戶會崩潰。後來人民的態度也改變，不再認同大家族應享有高地位與權力的必然性。上下的這些因素，造成貴族世家門第的衰落與崩潰。但實際上也非衰敗滅亡很快，有實際研究證明，衰敗較快的約經四代一百年，較慢的則經過八代兩百年。

二、士紳的階層

　　士紳與貴族的社會階級不一樣，有些士大夫、士紳也想建立貴族大門戶，但不能成功，故在此將士紳當成另一社會階級系統討論。周朝時士紳為統治階級的最低層，士與庶民不同，士較有學問，自孔子以後，有學問的人被看為另一重要階級。在封建時代，士紳是指統治階級有學問者，後來普通人經讀書也能有學問，經考試及格，也能晉升為士紳或官員，從此教育就成為晉升社會階級的重要途徑。

　　晉升士紳階級要經過考試，通過考試有的照規矩，有的不照規矩，照規矩考上的都較有實力，也較能當大官，不照規矩用錢買來的官，通常官位都較小，但若成績表現良好，也可能晉升較高的官位。經過不同地方的考試及格，官位大小不同。較高的官位有進士，在大城市考試通過的有舉人，在省考試通過的有貢生，最底層的為生員。用錢買的官位是監生。通常通過較高階考

試的都為較知名的學者，通過較低階考試的是為地方的教師，或小地方的領袖，但也有少數例外。不少能讀書並通過考試的都來自地主家庭，但也不全是。有些貧窮佃農子弟苦讀通過考試的，也有人在。地方士紳除了作官的，也有不少成為地方領袖，貢獻多種社會服務功能，像是造橋、鋪路、設立穀倉捐獻糧食、救濟窮人、興建水利灌溉、設立書院辦教育、給獎學金或提供免費讀書服務等。也有扮演政治角色者，一方面反映地方民意給政府，代表人民與政府溝通，或向政府建議或爭取，另方面作為政府代理人，幫政府服務人民。

三、平民百姓

平民百姓是社會階級的底層，主要由農民及工匠組成，他們非士紳，多半沒讀書或沒讀幾年書，也沒參加科考的野心。有些退休的士紳也自認為平民百姓，這樣謙虛看自己的，頗能贏得平民的友誼。平民百姓最多是農民，也有一些工人，許多工人都是貧窮農民兼差的，工人常要受同業規則的約束。一般農民都住在村子裡，對住在鎮上都存有點夢想、期待與渴望，將住在鎮上的人視為士紳，希望有一天自己也能住在鎮上。一般士紳可當為平民百姓的教師或領導者，是平民百姓與官方交涉的代表。平民百姓有時會受士紳不正義對待，因而會有要求獲得尊嚴與社會正義的權利。

第十一章　特殊團體與社會區分的象徵

一、階級的象徵

中國社會的階級區分除貴族、士紳、平民三級外，還有許多特殊團體。各種階級都有其特殊權利與地位的象徵，表露在衣、食、住、行及其他社會形象上。楊教授在書中對這些階級權利的象徵與地位差別述之甚詳。

不同朝代不同階級的人，在生活的許多方面都有特別的象徵，衣服的顏色與質料，食物的品質，住屋的式樣，交通工具與婚喪儀式等方面，都有差別。就以衣著的差別為例，官與民等不同等級的人在典禮儀式及平時服飾的式樣與顏色都有區別。某些顏色的衣服只准高階的人穿，低階的人禁止穿著。好質料的絲綢衣料，也是上等階級的人穿得著，低階級的人穿不得。總而言之，高階級的人，政治法律權利較多，社會地位較高，經濟條件較好。相反，低階級的人，各種條件都較差。

二、特殊利益團體

特權的存在創造特權團體及劣勢團體，兩種團體之間也存在未被特權剝削或會被同一階級輕視的人。歷史上皇族都是擁有優越特權的階級，宅院都是最大最好的。秦漢以前統治階級都為皇

族，到漢武帝時，皇權與政治分開。到元朝天下統治權落在蒙古
人手中，將天下全民分成九種團體，也是九等級，即是官吏及行
政人員、僧侶、道士、醫務人員、工、獵、農、士、乞丐。上階
級享有較多特權者，都為蒙古人，和尚地位也高。農與士地位都
低，因為農民都為南方人，由蒙古人看是異族。士的地位也低，
因為蒙古人不知讀書人的重要。

　　到清朝，天下由滿族統治，對漢人也有歧視，皇室對滿族人
有特別保護，保留半數的官位給滿族人，許多皇族的人不必工
作，可領有國家的俸給，圈地占地，享受地主生活。其他的朝代
也都有特權階級，皇子郡王以及由皇命御賜爵位的外人等，都是
特權階級。

三、低賤的團體

　　各朝代都有特別低賤的團體或階級，奴隸便是。古時商朝被
周朝消滅，許多商代的子民變成為周朝人的奴隸。古代的奴隸有
兩種，一種是在當地的，另一種是可買賣到別地的。西漢時有買
賣的奴隸，到東漢禁止買賣，皇室與貴族使用奴隸最多。從唐朝
到清代，奴隸一直存在。中國到 19 世紀時奴隸存有四種，第一
種犯罪的奴隸，留在官家或官府為奴；第二種是有官方印記的終
身奴隸，第三種是私下買賣的奴隸，依契約規定，到期可恢復自
由，或中途可還錢贖身；第四種是被賣為奴幫忙從商的，如幫忙
背負運輸鹽、其他水產或農產品。

　　佃農是半自由半奴隸的人，向地主租地要繳租，也常要服務
地主。

　　社會底層的一種階級是賤民，被認為沒價值的人，有時包括商人、理髮師、樂師、吹鼓手、娼妓等。和尚、尼姑、道士、相命的、媒婆、長期住在船上的人、朱元璋敵人張士誠的後裔也都被當為賤民。

第十二章　社會流動的通路與範圍

一、古今的一般觀察

　　中國在周朝以前的封建制度下，社會流動無通路。至春秋戰國時代，社會較開放，流通也較多。到漢朝以後社會較制度化，世家門第為維護其優越特權，成為社會流動的障礙。以後經歷約十世紀，士紳階級也試圖封閉或窄化社會流動的通路。到了清朝，規定等級外的人也不准參加科考，但清白人家可以，使一些窮人能經過努力讀書參加考試，獲得翻身晉升的機會。也有一些士紳家庭，因為不長進而沒落。上下兩種階級之間興衰交替的事蹟可從一些故事、詩詞、民謠、戲劇中看到紀錄、追思與見證。楊教授的書中舉出劉禹錫的朱花橋與烏衣巷等詩，孔尚任桃花扇中的漁樵話興亡、哀江南及鄭板橋的詞等，記實這種家室興衰與社會地位上下流動的事蹟，他本人也深感許多家庭常好不過三代，農家先從貧窮經過勤儉買地起家，到第二代仍能感受與緬懷上一代的吃苦努力，繼續累積財富，發揚光大。到了第三代就開始講究享受，過較奢侈的生活，逐漸變賣上代留下的遺產。到第四代就將遺產賣光，再淪落到貧窮階級。農民的社會流動通路與過程如此，皇室的流動也差不多。總之，社會地位的流通與變動都有原因造成，能上升因為能小心、理性、節儉、勤奮、誠懇等，會衰落是因為無效、衝動、奢侈、粗心、傲慢等心態與行為造成。如此這般經過社會流動與地位升降的輪迴。

二、皇帝舉辦的考試

　　參加皇帝舉辦的考試是使一些人與家庭晉升到上層階級的重要通路。士紳都是經過這種通路晉升階級與地位的。在有些朝代，一人一生可參加考試數次，可得多次通過與晉升的機會。唯奴隸不能參加考試，一些不名譽的職業工作者也不能參加。要通過考試並不容易，有人準備幾十年，參加許多次，都通不過。考試力求公正，出題者保密，若有家人或親戚參加考試要避嫌，不准出題。題目常要出許多題，經皇帝親自選擇其一。題目出了以後常要鎖在秘密盒中，若有遺失，要重新出題。在 1858 年清朝時就發生一次洩露題目的糗事。考生上考場要搜身，工作人員也要搜身，考場戒備森嚴。省級等地方考試每兩年舉辦一次，國家級的考試每三年舉辦一次。但有時在皇帝生日或其他喜日，也會增辦，考試時間也可能因天候不好或其他原因而改期。

三、其他的社會升遷

　　經過參加考試是一條可通往上升階級之路，但不是唯一道路。事實上一些通過考試的秀才一輩子窮酸落魄的也很多，只達到下層的士紳，未能進階到上層。其他還有一些可上升的通路，努力工作，節儉致富、小心、理性、誠懇等都是。此外還有靠關係，小伙計得到老闆的賞識，提拔他。在婚姻關係上，與上層人家聯姻，娶豪門千金為妻，或嫁給上等家庭的夫婿。有些當姐姐的常會為妹妹物色上層未婚青年當為妹婿。(摘譯者按：一些當哥哥的也可為弟弟物色上層人家女兒當弟媳婦，但這種較少

見。)在戰亂時期，另一些人則由參加革命，或保衛國家，衝鋒陷陣，爭取榮耀與功勳，也可獲得上升階級與地位的機會。

第十三章　階級之間的關係

　　階級之間的關係是漸進的，也即相接近的階級之間較容易有往來及關係，少有越級的往來與關係發生或存在。下階層的較可能與中階層的有往來與關係，與上階層直接往來與關係就較少。中階層夾在上下階層的中間，與兩階層都較有可能往來與關係。

　　階級之間的關係常見於地主與佃農之間，這種關係重要，論述也很多。一般的關係都照一定的風俗，兩者之間都很注意經營這種關係，關係好是對兩者都好的長久之計，但會因時因地不同而有變化。平時關係可能有好有壞，但當社會受到干擾，道德變壞時，地主佃農的關係會受影響而變壞。好壞關係雙方都可能是造因，地主能體貼佃農者，有助關係變好，佃農知感恩，也較老實者，通常也能與地主維持較良好的關係。但有些地主只知道收租，未能體恤佃農的苦處，讓佃農覺得受到壓榨，有些佃農也會不老實，欺騙地主收成不好，求能減繳租金，圖自己利益，都有傷兩者的關係。地主與佃農的關係好壞也會因兩者是否有親戚關係，以及地主是否同鄉而有所不同，有親戚關係者，念在親戚的情分上，兩者會有較好的關係。地主不在鄉的，與佃農之間都較少往來，關係也較淡薄。地主與佃農良好關係的維持，固然要靠公正公平，但感情更為重要。雙方維持良好感情的方法很多，佃農除了繳租，送點土產小禮物給地主，很能得到地主的歡心，當天候不好收成較差時，就會獲得地主自動減收些租金。地主對佃農熱情一點，打招呼請喝茶，也能讓佃農感到溫馨。楊教授的書

中提到一個有趣的故事，一個大地主對佃農不太好，另一個帶兩
個小孩寡母的小地主，對待佃農很體貼，讓大地主的佃農覺得有
點不公平，不滿意，大地主很在乎向寡母小地主抗議，寡母地主
回應：「大叔您有許多幫手幫您嚴格管制佃農，我的兒女還小，
沒人可依靠，只好對待佃農好，使他們也同樣能待我們好。」

　　階級之間的關係也可從老闆與學徒或伙計的相互對待見之，
許多學徒或伙計與老闆都有親戚或朋友關係，有的是經過介紹
的。有親戚及朋友關係的在受訓期間仍很正式嚴格，但下班後或
在喜慶之日則如同家人，但無親戚或朋友關係者就較平淡。學徒
期滿是否繼續在店中工作，要看學徒的能力、工作或服務意願，
以及與老闆的感情而定，感情好老闆除了將學徒留用，也會介紹
他到他店工作。

　　另一種階級之間的關係是士紳與普通平民之間的關係。士紳
是較有學問的人，當為社區內一般民眾的領袖、導師或恩人，士
紳與普通民眾的關係建立在士紳的兩種態度上，一種是比一般人
優異，另一種是責任感。士紳因優異與責任，能教導他人許多
事，帶領一般民眾走向道德教化，幫忙解決問題，當為人民與政
府的媒介，指引青少年行為，以及替人民與社區尋找與提供福利
等。士紳與一般百姓也如父母子女關係，恩人與受惠者關係，以
及主人與僕人的關係。在許多朝代，皇帝御賜士紳有教化民眾的
權責，但失職時也要受到比一般人還重的責罰。士紳與一般平民
的關係會因經歷時間久，士紳沒節制太傲慢，而有掙扎與退化。
這種關係也有再恢復的可能，主要理由有三：一、受儒家與道家
思想的影響，需要有人教育孔孟的中道、五倫等道德教育及老莊
的自然恬淡的生活哲學；二、士紳深知階級之間要有和平關係，

人要溫和仁慈對待他人；三、一般民眾也都能接受倫理教育，知
要善待謙卑的鄰人，相信神明能保佑好人，相信好心有好報等道
理，這種信仰有助士紳與一般老百姓關係的運行。

第十四章　階級障礙的尖銳化是反團結的要素

　　中國歷史上士紳與平民階級尖銳對立不很常見，但在歷代末期王朝敗壞時，就常會發生。這時期一些窮人又較有野心的，就常會變成為革命的暴民，攻擊的對象是富人及官人。社會上低階級的人普遍支持革命的暴民，富人則結合官方政府運用官兵對抗。在戰亂時期參與革命的窮人及官方的軍人地位都可能上升。士紳與普通平民會演變成尖銳對立，是因士紳享有特別權力與利益，守住特權不放，不允許下階層的人插手自己的權利。低階層的人則忌妒也看不慣上階級的人享有特權，態度傲慢，穿著時髦，生活奢侈。當有些上階層的人對下階層的人表示友好時，下階級的人也表示懷疑，不敢也不願接受。若是真心好意，也要經過多時的說服，才會被接受。兩種階級分開時，溝通有障礙。

　　元朝末年發生天災，富人對政府無法繳稅納糧，窮人得不到一口飯吃，不得不走上革命。許多革命的暴民原是善良的農民，開戰起來也英勇，一些富人為了生存也起而抗元，反對外人統治，這期間的階級對立存在於官民之間。此時朱元璋以守秩序與建立制度保護人民為號召，反制暴民非法屠殺與放火搶劫，企圖推翻元朝，返回中國帝制，人民普遍接受，士紳與庶民階級對立暫告平和。朱元璋在與想當皇帝的野心家征戰些時，並將之消滅，統一國家，建立明朝。

　　過去歷史上平民與士紳階級的對立相當明確，受雙方領袖的影響甚深。在社會動亂的最初期，士紳富人被搶、被綁，貧民暗中竊喜。到第二期善良富人也被搶劫時，貧民開始關心，因為窮人還要靠富人生活。到第三期一些好家庭宣示村民要團結，貧窮的人民也還沒響應的興趣。最後當土匪搶劫多數的村民時，情勢改變，除極少數的貧窮人家外，多數的人都警覺到同感危險，全村人共同抵抗土匪。由於兩種階級的人和好合作，土匪也就消失。

　　過去當國家戰亂剛結束時，會有一些殘兵餘勇，常會組成土匪，擾亂村民。多次當地方自衛隊要打土匪時，土匪就不見了。有游擊隊同情土匪，也搶劫富人。但當土匪也搶劫到一般農民時，全村農民就一起行動了，探望土匪動靜，發現了就報官，與官兵團結一起，將土匪藏匿之地剷平，也將土匪一起消滅。

第十五章　切除階級障礙的社會制度

一、家族或宗族

　　家族也稱宗族，是多種可切除階級障礙的社會制度之一，這是指出自同一祖先的許多家庭，他們的社會經濟與文化地位與階級可能不同，但同為家族的人，在祭祖之日，不分彼此，聚合在一起，都有共同的家族意識。舊金山的福建與廣東華僑在農曆年的除夕夜常會舉辦家族聚餐慶典，具有凝聚家族團結的意義與功用。可切除階級障礙功能的家族制度，除了家族聚會活動，還可從家族學校及義田的設立及族譜的存留制度見之。家族學校是由同家族的有錢人創辦，同族的子弟可到學校就讀，教師教學生不能有歧視，同族都是一家人。學校設有獎學金，一些貧窮家庭的學生可能受到家族的栽培與注意，有機會晉升到上層階級。義田是自家族中個別家庭的財產抽取，或由富有家庭捐獻設立，由窮苦的族人耕種利用，或用來生產糧食分給貧窮族人。族譜記載同族人的名字，不分貧富貴賤，都可能入譜。有些族大，也許只記載當過官，考過科舉的族人，但當窮苦的子弟有一天功成名就，也就能進入族譜。大家族的族譜可能再細分，合在一起就成為同一家族，社會距離拉近，階級障礙變輕，甚至解除，關係打通。同族的階級障礙在平時可能存在，但當大家認祖歸宗時，這種障礙就會被打破消除。

二、同省俱樂部或同鄉會

在舊時，同省俱樂部或其他同鄉會存在於首都、省會、縣城或其他商業都市，由來自同鄉的人組成，主要目的是在方便出外人做生意，參加科考、受教育等。也為避免受到當地人的欺壓，能順利與政府溝通往來。同鄉會的參加成員為同鄉的背景或條件，不分階級都可參加，都能較方便互相接觸。同鄉會的組織設有理事會之類的管理團隊，設有會長或理事長，理事或顧問數人，主要由選舉產生，都為無給職。內設有給職秘書或幹部一人或多人，視職務多少而定。會的經營與運轉需要基金，可能由生意的獲利抽成、由繳會費或捐贈等方法或途徑得來。同鄉會的功能約包含五大類：1、經濟買賣上互相幫助，2、宗教性活動，設有寺廟供為祭拜或其他宗教儀式活動場所，並舉行宗教儀式活動節目，3、喪葬功能，設有同鄉墓園，提供或幫助窮鄉親棺木或喪葬費用，4、調解社會衝突或法律糾紛，可代表鄉親上法庭。5、提供社會與休閒娛樂設施與活動。透過這些功能與活動，鄉親可以密切來往與互動，不分或少分彼此，減輕或刺破階級的障礙。

三、互助會或協會

互助會、公會或協會是由同業的成員組成，主要目的在改善同業的功能與福利。這種組織與同鄉會的成員與功能可能重疊，也不同。不同之處在同鄉會會員包括多種行職業者，互助會、公會或協會可能包含同鄉以外的人。參加這種組織的基礎在共同的

興趣，種類很多，其中最重要的是商業公會或協會。一個大都市
中的互助會、公會或協會有多至上百種者，依興趣與功能不同而
分。各種互助會、公會或協會的複雜度也不同，有的較單純，有
的極為繁複，負責管理的組織領袖有用選舉或推舉的方式產生。
組織內的活動除與專業有關，也具有相當濃厚意味的慈善性與宗
教性，聚會可能在會堂或在大餐廳舉行。組織的重要功能在經濟
性，包括維護會員及主要的經濟使命、防止競爭、決定價格、規
定買賣規矩與方法等。早年這種互助會完全自主獨立性，近來被
許多政府設立的公家機關取代，但仍保存相當程度的自主性，也
常用來抵制政府的不正義的限制與壓榨。這種組織能存在因有團
結的力量及宗教意識，用來維持正義，集體防衛。加入這種互助
會、公會與協會的會員，不因階級的高低，都能共同享有會員的
權利，並獲得相同或接近的保護。

第十六章　秘密社會

一、前言

　　中國歷史上秘密社會與歷代改朝換代的革命都有密切關係。秦朝後期統治者專橫，社會上不滿分子的宗教人士藏匿在森林與沼澤區密謀革命，後由項羽與劉邦收編。漢朝末年有黃巾之亂，天下分解成三國，晉朝是被瓦岡的匪黨殲滅的。元朝末年被秘密的宗教人士打敗，明太祖朱元璋是一位職業和尚。清朝以外族攻垮明朝，但剛建立新國號不久，就遭企圖反清復明的黃巾之亂。到清末孫中山領導的革命也與三合會、兄弟會、哥老會的秘密結社相結合，終於打敗滿清，建立民國。

二、白蓮會

　　白蓮教是一個最老的秘密結社，於元朝時成立，起因是久旱及水災後民不聊生。這種結社的成員頭紮紅巾，信徒散布在華北，也稱紅軍或香軍。明朝時消聲近 200 年，少數信徒走入地下化。到清朝時白蓮教又活躍起來，乾隆時曾壯大一時，發展許多分支，也使用許多名稱，如天理教、白羽會、三香會、八卦教等。嘉慶時在北京作亂，被消滅。到清末，又成立大刀會、小刀會等。早期成立目的都在反腐敗的政府，清朝的在理教徒與佛教及道教結合，到清末反對教堂及外國的傳教士，但不反政府。信

徒散布很廣，在北方信徒中出現馬賊，孫中山曾派張繼及宋教仁
去接觸馬賊。

三、天地會

　　天地會在清康熙時設立，過程非常傳奇，先是在福建山中有
一少林寺，廟中的和尚武藝高強，被政府徵召到四川與西藏邊界
去打擊叛軍，打勝仗回來皇帝大悅，領袖接受犒賞，其餘和尚則
回廟中過他們的宗教生活。但這禮遇被一些官員忌妒，密謀陷害
他們，一些和尚受刑或被殺，其餘走入地下。存活的五個和尚歃
血為盟，要為死去的兄弟復仇。遇到士紳陳清南(譯音)對和尚們
的遭遇非常同情，乃與他們組合秘密結社，成為他們的領袖。一
天他們在河中發現一個漂流的石爐子，底下刻寫反清復明，他們
當為是上天的告示，正式組成天地會，並找來一個名叫朱洪竹的
少年，當成明朝末代皇帝的孫子，成為他們扶持的新皇帝。結社
使用三八二十一為密語，互相聯絡。天地會一度發展快速，但不
久新領導者相繼死亡，這個結社乃再走入地下化。

四、三合會

　　三合會是指三方面的會合，何為三方面，不確知，有說天地
會的三支系，有說設立的地點在三條河流的交會處。在不同時間
與地方使用的名稱不同，共有三點會、清水會、匕首會、雙刀
會、致公會、哥老會、青紅幫等。其中三點會意指天地會前首領
黃雲龍墓碑上十六字誌文都有三點水。三合會與太平天國有關，

但不全然相關。有說太平天國受三合會相助而壯大，其實洪秀全創立天國於廣西時，只有少數幾個三合會員參加，三合會目的在反清復明，洪秀全組太平天國是想自立為皇帝，洪有基督教概念，也與三合會的理念不同。三合會主要流竄於長江流域，擴及香港及東南亞與臺灣，幫助海外華僑不被當地人欺負。重要的反清革命有臺灣的林爽文事件，及太平天國之亂。三合會的權力結構分成三級，上級為教師，中級為幹部或衝鋒部隊，下級為草鞋族，幫忙處理雜務。正式組織最上面有大首領，但平時都以兄弟或其他家族名稱相稱，會員多數為下階層，對過去的領袖要膜拜，對會的規矩要遵守，違反者要受嚴厲懲罰。會規共有 36 條誓言，歸納成十大點，又附設 21 條法規，但大致與 36 條誓言重疊。

五、兄弟會

兄弟會起於清朝乾隆期間，太平天國作亂後許多無家可歸的退伍士兵組成結社，或與兄弟會結合，這些人懶得工作，專做搶劫勾當。後來搶到李鴻章兄弟的船隊，引起政府注意，決定將其撲滅。兄弟會的專業除搶劫，另一工作是賭博。他們辯稱搶劫是為劫富濟貧，賭博並非壞事。這個秘密社會分成多種幫派，青幫最大，還有黑幫及白幫等。青幫做鹽的走私生意，保護非法的船運與交通，控制港口及河口大都市。黑幫成員不少為賊、乞丐及其他無能力的人。白幫則專幹綁票的事。各幫都要向地方兄弟會繳稅或費用。兄弟會對各幫結社成員請求幫助，都要協助。兄弟會的主要正式目標與功能在打倒滿清政府，但當外國宗教進入中

國時，因關照教友，介入地方事務，引發兄弟會的反制，後來隨
政治革命的開展，兄弟會反外國人及基督教逐漸平息。兄弟會的
慶典儀式與三合會很相似，總部都設堂，如忠義堂或仁義堂。各
幫所在據點也都以山為名，如金陵山、寶華山、天臺山等，可能
與成員信奉佛教及道教有關。這一社會的權力結構比三合會更複
雜，每一山的領導人為龍頭，下設五個內務部門，相當於堂，管
理各種事物，管理有關商業、簿記、聯絡等事宜。階級主要有兩
種，上級是正規的會員，下層是較差的隨從，後者不能升級為正
式成員，多數入會分子都很低階層。

　　楊教授在這章最後對中國秘密社會的性質做了七點結論：
1、秘密社會可歸納成兩大類，一類較宗教性的，另一類較政治
性的；2、不同的結社存在於不同的地方，北方的較宗教性，南
方的較政治性；3、北方的結社社員較多是住在農村的農民，南
方的成員較多住在城裡的無業者，或非務農的人；4、北方的住
處較分散，南方的較長久固定性；5、各結社設有規矩，社員都
要遵守，結社也都被要求幫助社員，甚至幫助社外的人；6、各
社都有相當程度的階層結構；7、各結社也都有象徵物、如暗
語、旗幟、顏色、飾物等。

第四篇　民國時期的社會變遷

第十七章　民國時代

一、革命的背景

　　中國自 1840-1842 年鴉片戰爭戰敗以後，陸續受到外國侵略，訂立許多不平等條約，割地、賠款、通商，國家與人民受到壓榨，也就有了反映，反映的速度快，態度卻也混亂。重要態度有三大類別，第一類是對外國懷恨抵抗，以滿清官員及腐朽學者為代表。第二類是激烈的革命思想，主張要推倒舊有的體制，實施全新的制度。第三類是妥協，認為該去除舊有不良部分，學習與採用優良的新體制新事物，但良好的傳統價值與美德仍要保留與維護，此種主張持續很久，至今仍在。後來的發展是，國人較多感受腐敗滿清政府必要推翻，應該效法西方先進國家的作為。主張革命者號召群眾力量，在 1898 年開始發動革命，宣稱國家在軍事、政治、經濟、教育等多方面都要做改革。

二、革命的多面向

(一)政治方面

　　主客觀演變的趨勢，革命的勢力日強，先在政治方面由革命黨人經組成興中會、同盟會，後改為國民黨。在 1911 年武昌起義成功，推翻滿清政府，建立民國，更動傳統的政治結構與思想，也深深影響實際的政治、社會、經濟、教育文化的制度與生

活。

(二)社會制度方面

　　革命成功以後，在社會方面出現指責傳統社會思維與體系，包括對家庭制度與觀念的批判，陳獨秀是這種主張的領導人，認為應該完全放棄舊有傳統的家庭與其他社會制度。

(三)文化與價值觀方面

　　這方面的重要主張包括無神論，人本中心，科學至上，建立對人有益的政治社會組織與制度，即是要民主，也必須注重技術。這方面以吳稚輝為領導者。

(四)知識思想方面

　　傅斯年是此方面的領導人物，對傳統知識分子的缺點提出多項批評：1、注重對人不對事，對人會失去真理，對事才能科學。2、傳統讀書人擁戴聖賢護衛皇朝，少能自主思考、自由與自尊。3、讀書人重視規則，少能注意差異性。4、傳統知識注重博，而不專。5、讀書人只愛學當官之道，少注重學習濟世應用。

(五)文學方面

　　反對舊文學，提倡新文學，以胡適為代表。他認為舊文學僅少數人懂，多數人不能讀，不能懂，太正式生硬，不能自由表達，只是一堆文字，少能影響人性與人格。他倡導新文學運動，主張應從文字改革做起，使用白話文，自由表達與溝通思想。

三、中間路線

　　在革命初期，另有一種中間妥協的思潮，介於保守與革新之間，以康有為與梁啟超為代表。他們一面贊成革新，另方面認為好的傳統應該保留。梁啟超雖也贊成推翻帝制，建立民國，但不強調用革命。他考察西方回國後覺得中國有許多傳統制度仍很好。他對家庭制度中父權太重，夫婦不平等，大家庭制度、族閥，也都不喜歡，但對孝順，家人關係要和諧等好傳統，認為不應被外國的制度取代。在教育方面他主張中學為體西學為用。楊教授評述梁啟超的文字有感情，很誠懇，有智慧，有力量，有真實個性，不古，也不新。

第十八章　過渡的政治與軍事菁英

一、軍閥的產生

　　民國以後傳統的社會結構崩解，在政治結構上君主制度瓦解，但民國的政治基礎並不穩固，第一任總統袁世凱心想恢復帝制，在短時間成立洪憲元年，摧毀民國，後來自己也被摧毀，真正的民國到 1930 年代才形成。袁世凱垮臺後中央力量也微弱，各地軍閥崛起，占地為王，自成勢力。這些軍閥及其手下軍官助理，成為民國初期的過渡政治及軍事菁英。

二、第一批的軍閥

　　袁世凱於 1928 年被逼退位後，各地軍閥割據，占地為王。北方袁世凱部下分裂成皖、隸兩系，加上立基於關外東北的奉系，構成北洋軍閥。先期皖系由段祺瑞領軍，隸系領頭是馮國彰，奉系大帥是張作霖。皖系受日本支持控制皖、浙、魯、陝等省。隸系受英美支持，控制蘇、贛、鄂、直隸等省。奉系也受日本支持，控制東北三省。北方重要其他軍閥還有段祺瑞、吳佩浮、曹錕、馮玉祥等人。其餘地方的軍閥有占領山西的閻錫山，徐州的張勳，隸系的唐繼堯，桂系的陸榮廷等。各軍閥之間大小戰爭不斷，戰後換人掌控地盤，各派系也常換人掌控。

三、張作霖型的軍閥

　　張作霖與其副官張宗昌、褚玉璞等是另一類軍閥，土匪出身，沒念過書。靠經驗獲得戰力與權力，基本性格是幫派兄弟型的，得力後假裝受過正式訓練，其實其公私生活都很糜爛，統治方法也是強人作風。

四、馮玉祥與其黨徒

　　馮玉祥經北洋軍校訓練出身，原是直隸軍系吳佩孚手下的一個小軍官，直奉戰爭時改投靠張作霖的奉軍，後又被奉軍打敗。在等待機會時到過蘇俄莫斯科，沾上共產主義，回到西北洗禮信基督教。後與革命軍結合，地位上上下下，直到中日戰爭前，他都有一方勢力。他受教育低，但沒做土匪，生活也沒腐化，假裝很愛農民，部下都是北方農民的子弟。他的軍令甚嚴，不搶不姦，頗能得到農民好感，愛寫作，但多半是抄襲的。後來他的部下當省或地方統治者的，不能對人民誠實與愛護，拖累了他，最後他變成基督徒。

五、孫傳芳

　　革命軍北伐時孫傳芳是一省總督，後被任命為長江沿岸五省總督。他被認為是較現代化，能從事許多改革，能重用一些專家。沒野心想用軍事力量統一中國，只想將統治的地方搞得繁榮。後來與革命軍不合，乃聯合張作霖，被革命軍認為是頑敵。

在天津退休後信奉佛教，懺悔以前的軍閥作為，最後被一個受過他處刑者的女兒暗殺。

六、閻錫山

閻錫山是另一位重要的北洋軍閥，統領山西、察哈爾、綏遠，對山西的繁榮與發展非常盡心，想使山西獨立自足。他也致力於發展閭鄰制度，相當別處的保甲制度。他對山西防衛甚嚴，沒有別的軍閥敢入侵。至 1927 年曾一度背叛革命軍，被認定過去努力為自己多，為革命軍少。山西人民也感受到在其統治下不如在政府統治下好。閻是一個政治學者，寫了不少有關共產黨的性質、滲透、策略、長期政策等文字，都有關共產黨早期的活動。他的部屬人格都很好，對他及政府都有幫助與貢獻，也有幾個後來親共產黨。一生想建立民主進步，晚年過清苦生活。

七、四川的軍閥

四川的軍閥有劉湘、鄧錫侯、田頌堯、劉文輝等，有異於其他軍閥，都是地方土霸型，落伍保守如張作霖，私生活惡名昭彰有如張宗昌。他們並無政治野心，只愛錢、展現權力、納妾、打仗，無發展農工業的願景，沒設防，認為四川很安全，終使四川成為最落後的一個省。直到日本侵華，人口與文化從東岸往西移，他們起而抵制，但已無效，後來也被征服，四川才從他們的魔掌中自由脫離出來。

八、西南的區域勢力

西南方的廣東、廣西、雲南的軍閥有蔡鄂、唐繼堯、陳濟棠、陳炯明、李列鈞、許崇智、陸榮廷、李宗仁、黃紹雄等,其中蔡鄂是革命志士,其他的有軍事或政治型,全看他們的目的與運用。有人參與革命,後來變質,陳炯明就曾經背叛革命軍。到1928 年北伐成功,全國統一,這些軍閥才消失,有的退休,有的被逼退,也有的投共。

九、新軍閥

一些較後新形成的軍閥包括張學良、楊虎城、陳濟棠、何鍵等。張學良與其父不同,有教育,許多方面都很現代化,曾是國家主義者,有時喜歡日本統治,對南方政府忠順有功,但在西安事變中與楊虎城要求蔣介石取消對共產黨的壓力,後來被終身軟禁。其他軍閥有時表現是革命者,有時則保守想建立自己的勢力範圍,保守走回老舊道路,像山東的陳濟棠與何鍵將教育走回老式。韓復榘則無視腐化與不道德,他們的統治有光明,有黑暗,都未能長期為軍閥。他們在後期還能存在,因人民怨戰怨亂,也因他們對革命有功。

十、軍閥時代的結束

1932-1937 年中國走向統一,人民道德提高,中央與地方都有效率,也誠實,社會秩序重建。此時國家面對外國的侵略,

1937 年風暴終於來臨，發生蘆溝橋事變，有的軍閥戰死，有的因抗日而團結，終於歸順中央。

十一、新軍事菁英及其腐化

中國新戰力有由黃埔畢業，接受德美軍事訓練，都很精明，現代化，有能力，一般都比以前的軍閥好。但也有使人民害怕、抵制或輕視，因為有人太自信、奢侈、浪費、貪心、腐化、賄賂、無力、志弱、缺乏警戒與留意、輕視敵人的長處與策略。戰後許多將軍想富有，變為無鬥志，衰落。共產黨起來後如秋風掃落葉，1949 年建立的軍事菁英，也就蕩然無存。

第十九章　新知識分子

一、前言

　　約自十九世紀最後的 25 年，中國在一系列戰爭中失敗，全國覺醒，外國的軍隊與技術比中國傳統武器與工具有效，到世紀末乃設立海軍及技術學校，也設立外交部或總理衙門。為了解外國的風俗、歷史與國情等，需要許多能懂外國語言的翻譯人員，乃於 1863 年設立一個語言學校「同文館」，並選派學生到國外留學，最早先到較近的日本，後也到美國等西方國家。國內的舉才考試不再只考傳統的孔孟儒學，也要考運用外國力量改善國內條件的實用知識。學生必須有新知識，稱為新知識分子。早期教會致力翻譯外國書籍，設立現代學校，從事現代教育，對培養新知識分子的貢獻甚大。當時最努力鼓勵政府派選留學生到美國留學的是容閎，他本人獲有耶魯大學法學博士學位，在 1872-1876 年政府選派一批少年學生到美國新英格蘭地區的學校學習，原打算做長期訓練，不幸因紀律問題，於 1881 年全部回國，故效果不大。在推動新知識方面，嚴復的翻譯工作不容忽視，他先後翻譯亞當斯密的國富論，斯賓賽的社會學，密勒的政治學及赫胥黎的演化論等，影響甚深。受影響的學生學者，都能獲得新思想，也都成為新知識分子。

二、多數量的新知識分子

　　到民國以後，新知識分子比以往士紳數量多出許多，有幾個
原因造成，(1)受教育人口增加，依據教育統計資料，1944 年時
總人口中有 44%受小學教育，其中有 10%受過中等教育。受教育
人口多，知識分子的數量必定也多；(2)接受次級教育者比以前
的貢生與舉人人數多；(3)許多青少年都愛進學校讀書，必有利
新知識分子的增加；(4)現代教育比舊式學校較容易培養知識分
子；(5)交通方便，有利學生到學校就讀；(6)二次中日戰爭後，
公費學校與教會學校都免學費，並提供獎學金支助，有利貧窮學
生就讀。過去的許多老學堂都關門，到 1950 年，學校數量大
增，鄉村地區也是。

三、新知識分子的來源

　　民國初年教育開始發展，學校增加，也促使新知識分子數量
增加很快，窮人家小孩可到公立學校念書，但在鄉村地區學校偏
小也偏少，好的公立學校都被較富有家庭的小孩占用，不少窮人
家小孩，有志難伸，一些貧窮家庭有些小孩並未能盡其所能受較
高教育。這時期教會學校對鄉村教育的發展盡了很多貢獻，教會
學校免費提供給窮苦的農民、工人與其他低階層家庭小孩就讀，
畢業生有升大學，甚至到國外留學完成後回國的，成為社會上層
階級。這時鄉村及鎮上較富有的家庭都將小孩送到城裡的教會學
校就讀。到了 1930 年代城裡的教會學校都由有錢人子弟就讀，
沒錢人去讀公立學校，公費的師範學校成為熱門學校，不少師範

學校畢業生也成為鄉村地區的新知識分子。鄉村建設計畫也使鄉村窮人的教育地位上升，不少鄉村小孩經此計畫變成新知識分子。

四、新知識分子的階級

過去士紳分成上下兩級，新知識分子則約分成三級，上級者為留學外國後歸國者，中級為國內大學畢業生，第三級是中學畢業可當小學教師者。在上級的歸國留學生有留日派與留學歐美的兩派之爭。大致是留學歐美的較優勢，在政府及產業機關都占較高地位。主要是留學歐美的都到較好的大學或學術機關進修，留學日本的資格較不整齊，所以又分較優秀與較低階的，後者數量相對較多。大學畢業的中等階階級又分公立大學與教會學校畢業的兩種，在早期國家資源不足時，教會大學及其畢業生的地位都較佳，約自 1930 年以後，兩者的地位反轉過來。

五、不同生活路線的新知識分子

過去的士紳理想的謀生之計是當官、教師或文書的工作，民國的前五十年這些工作仍為許多新知識分子所喜愛，但職業偏好的範圍拓寬，不少大學畢業生也喜歡從醫、經商、做技術性工作、務農、當建築或機械工程師或當作家等。不少新知識分子喜歡他們的子女去選讀科學及其應用，較少鼓勵他們去讀社會科學、文學或藝術。新知識分子在考慮選擇工作謀生的職業上也常陷入精神混亂，一種混亂是實際的條件不能與理想目標相配合，

像是學了機械工程的專長，想自己開工廠，卻缺乏資本，想找適當的工作，也沒大工廠可提供，若不得已找個小公務員當，學非所用，會很不得志。另一種會使精神混亂的是傳統的職業價值觀與實際所學的價值有出入，學校教的與社會家庭的傳統看法有時很不一樣，會影響新知識分子陷入矛盾與兩難，難以抉擇。

六、新知識分子的心思

有關民國初年新知識分子的心思，傅斯年在新青年雜誌上發表批評知識分子有很多缺點：(1)太注重自己的觀點，少能客觀；(2)少創見少自主自立；(3)少將時間與地方差異因素應用在研究結果上；(4)多注重應用少能發展純科學。羅家倫在《新人生觀》一書中也有類似論述。他指出知識分子有六大缺點：(1)少用心在專業思想上，而後意志隨之薄弱：(2)強要讀者接受思想，不能敵視：(3)思想缺少明亮，(4)思想少能一致性，(5)思想中道德敗壞：(6)不能從實際生活產生思想理念。楊教授認為羅家倫的看法有幾分事實，但用為說明所有知識分子的缺點，有點過度悲觀。他同意知識分子要重視傅斯年及羅家倫的批評，但他認為新知識分子已有科學的心思，雖然進步不大，也還有一小部分不能脫離傳統的失落而不分皂白。不少新知識分子都在大喊民主、科學與技術，卻少有談論社會科學與文化，少有要完全脫離傳統，多數認為要選擇西方文化、哲學、教育方法原則、政治理論，另方面也請外國學者來談中國文化，中國學者則在比較中西方。在 1920 年代是平穩進步，也是逐漸進步的時代。

七、新知識分子與政治變遷的關係

　　民國初期政治不是很進步，軍閥鬥爭與國際陰謀將政治推向死亡的深淵。當爭吵不休時，革命再起，部分教授學生吸收社會主義共產思想，在 1928-1937 年間，國民黨與共產黨發生內鬥，知識分子分成兩大陣營，本有可能發展科學的民國，卻為政治鬥爭而犧牲。1937 年日本侵華，知識分子的爭論暫停，多數人願意放棄己見，共同抗敵，這期間愛國的研究、文學、組織民眾都頗有建樹。但自日本入侵停止，爭論又起，左右派知識分子對立更壞，當共產黨得勢後，有些知識分子投共爬升，有的隱藏起來，也有批評破壞西方的民主制度，攻擊國民黨。未來史學家若說，二次大戰後中國丟失給共產黨是因為知識分子不能分辨共產與真正民主，或存心參與共產黨陰謀，並不為過。

第二十章　新知識分子與青年運動

一、前言

　　新知識分子常與青年運動結合在一起，因為兩者對社會政治與經濟改革都有興趣，知識分子看出青年學生最有熱誠，最有勇氣與能力發起與響應大型運動。一些社會或政治運動就常由教師、年輕大學教授或學生知識青年領導，發動眾多青年學生響應參加而產生。自 1911 年到 1919 年中國發生大小社會運動事件都與青年學生參與有關。

二、五四運動

　　1919 年 5 月 4 日中國在北京發起一項大型的社會運動，後來傳遍全國，造成很大社會文化改革的影響與後果，稱為五四運動。這事起於第一次世界大戰結束戰勝國在巴黎簽訂和平協議，會議中德國要將在中國租借的青島權利轉讓給日本，並要中國派代表在和會上簽約同意。國人聽到消息極度不滿與憤怒，歸咎於通日的賣國賊促成，抗議列強不正義的侵略行為。由北大校長蔡元培帶領學生正式發起反對，向政府警告這是喪權辱國的賣國行為。參加示威運動的學生舉白旗寫上「外爭主權，內除國賊」等標語，並要求交出叛國賊曹汝霖、陸宗輿、陸宗祥三人。示威隊伍在東交民巷外國人租借區集結，遊行經過曹汝霖家時，打破其

住宅，並放火燒屋。一些學生被捕，學生繼續抗議，直到被捕者釋放。這次運動蔓延到全國各地，直到袁世凱政府交出三個叛徒，不簽約，運動才告平息。但此運動對日後國運的影響相當重大，深及政治民主化、發展科學、實施白話語文普遍化等。

三、其他重要青年運動

　　五四運動以後青年參與的大小運動不少，較要重要者有四項：(1)1925 年 5 月 30 日的運動：(2)青年學生與勞工支持國民革命軍北閥的運動；(3)1931 年因日本侵略東北，引起學生組成救濟軍的運動；(4)1937-45 年八年抗戰期間學生助戰的愛國運動；(5)戰後共產黨占領前的學生三反運動，其他的小運動還有很多。五月三十日的運動發生在上海，因英軍開槍打死學生引起全國人憤慨支持學生抗爭。北伐期間有少數學生從軍，更多學生幫助宣揚，也有暗中幫忙軍閥的。1931 年日本入侵東北，熱血學生與愛國知識分子抵抗，但見南京政府猶豫不決，乃組成救濟軍，卻也被共產黨乘機吸收利用。八年抗戰期間學生以多種方式參與抗戰，包括直接參戰，幫助宣傳，遷移後方促進後方落後地區的社會文化建設，貢獻甚大，更不可忽視。可說戰爭促使學生運動，學生運動也使戰爭有建設。

四、政治黨派與青年運動

　　戰後人民、軍人與官員的道德都很低落，政府也無效率缺整合，人民感到失望與沮喪，培養出學生反政府的心態。共產黨假

藉學生的這種批判，在校園布置許多職業學生，策動三反運動，反內戰，反飢餓，反騷擾。他們視國共之爭為內戰，認為政府雖以公費提供學生吃住，但學生吃不飽，視政府清理校園職業學生為騷擾。學生運動也有汙點，受政府與政黨操控，共產黨操控運動的性質與目標，另一政黨也另有作為。兩個政黨的互相敵視與偏見，也培養出學生同樣心態，學生的真誠、愛國與能力都犧牲了，全因政黨互相仇恨與鬥爭引起。未加入黨派的知識分子對學生的影響可能有效，也可能無效，學生聽信的只是同一邊的黨意，對誠懇有智慧也友善的教師，若社會與政治信仰不同，就會起懷疑與敵視。

五、現代教育與青年運動

現代教育最可悲的是將過去傳統教育老師注重啟發學生精神與期望的特性丟失，新教育只是知識的傳授，對學生人格與倫理的精神發展無助，致使學生迷失方向。新教育制度將教務與訓導分開，教學採取大班制，教師對學生少能循循善誘，訓導注重點名出席，維持秩序，防止違紀，正面引導與精神激勵的教育不再存在。訓導人員都由政黨掌控，各中小學設有童子軍(摘要者按：在臺灣高中職與大專院校還設有軍訓)，外表是童軍教育，內涵在灌輸黨的信念，對黨對國家有益，但基本精神錯誤，都起於仇恨、偏見、集體性、領袖崇拜、領袖至高、國家至尊。共產黨則都有辦法與學生直接接觸，這些都導致後來的學運都有黨派的介入。總之新教育在早期由知識分子教導學生智慧，在團體中伸展長處，建立新中國，目標還相當好，但後來退步，黨職人員

進入校園，開始腐化。新制教育有矛盾，造成遺棄傳統師生的精神與期望的傳承，這種缺點可能因為第一代的知識分子假設錯誤，以為重視個人精神與期望教育不可能存在現代教育中造成。

第二十一章　士紳的再適應

一、低階士紳的再適應

　　士紳分成上下兩階級，對於低階士紳的再適應，楊教授舉了幾個實例作為說明，一位擔任鎮上唯一學校的老師，一位富人家出身的舉人當為他自己族學老師，另一位是他高中的國文老師。楊教授本人是前兩位的學生兼助教。第一位老師被北京教育當局指定擔任楊教授所在鎮上唯一公立學校內唯一的老師，對所有課程要一手包，全部課程有國文、數學、科學、歷史、地理、生物、繪畫、工藝、音樂等，老師對國文歷史地理之類的課程較沒問題，但對其他的課程就較難教，像在教數學之前，常要助教先教他，因此有學生取笑助教是老師的老師，但老師並不以為意。老師聲音不好，教音樂時找一位歌喉不錯的學生教唱，他在旁邊監督。冬天夜長，一群住校的學生擠在老師家讀書，老師也覺得津津有味。老師對自己兒子的功課不滿意，特別嚴厲，並不是不愛他，而是因為望子成龍，故在情感上相當糾結。另一位同村中富人出身在族學裡教的潘姓老師，小時在舊式學校就讀，後在新學校教書，也要再調整，再適應，自己要先接受訓練數月，開始教書時也找了一位助教，就是楊教授，當時他還在年少的時候。楊教授高中時的國文老師並未進過新式的學校，有時學生會有不合禮俗的表現，但他的心態新，並不在意，能與其他年輕同事融洽相處。教課方式大致能跟上時代，但對新詩的表達不太滿意，

他的兒子是北大的畢業生。

二、高階士紳的再適應

　　楊教授舉兩位高階士紳的再適應做說明，一位是張謇，另一位是蔡元培。張謇是江蘇南通人，光緒年間得過狀元，建議朝廷發展技術與農工經濟，多設學校，未被接受，乃辭官，自己實地開創實業，包括開發工業、交通、金融、海埔新生地等、成就非凡。為能了解與學習強國的發展經驗，曾考察日本。他的作為對清末的政治外交都有重大的影響。蔡元培少年時讀古書，考中秀才與翰林，30 歲以前是道地的士紳。後來接合現代文化，自1895 年以後開始研讀及翻譯新書，32 歲時與朋友組成研究日本讀書會，不全同意康有為、梁啟超的思想。1897 年時在浙江紹興中西學堂教書，教英、法、日等外國語，哲學、歷史、文學、數學等課程。學堂的教師分新舊兩派，常有衝突，蔡站在進步派這邊。他再適應的要點是能忠實分辨傳統與現代中的好與壞，放棄過時有害的傳統，但也珍惜好的傳統，像是孝順。他的妻子死後，有人做媒，他要的對象條件是寡婦或再婚者，他也同意夫婦兩人和不來就可離婚。他很有自信與勇敢，對於清廷無能與無效率很不滿，贊成政治革命，對其他方面的態度持改革。蔡元培自1916 年執長北京大學，開學術自由之風氣，任陳獨秀為文學院長，胡適為哲學系教授，推動白話文運動，使白話文成為思想表達的主流。邀請杜威及羅素前來北大講學，杜威引導研究教育及社會問題，羅素則教學生社會重建原理，一時北大成為中國復興及學生運動的搖籃。1917 年蘇俄革命後學生被馬克思主義所吸

引，李大釗為首研究馬克思主義，當時毛澤東是北大圖書館管理員，暗中研究共產主義，北大由蔡元培領導的學術自由之風到共產黨掌控時結束。

三、士紳人再適應的失敗

一些士紳頭腦僵硬，不能吸收新知識，再適應失敗，對於社會的新情勢抱怨不斷，指責外國的強盛是吹噓的，他們的感情與心思仍維繫在過去，有的人對當下感到挫折，有的護衛傳統，寄望中國能恢復到過去的舊傳統。楊教授引用一篇投稿在新青年雜誌的文章，表示對社會風氣與道德水準敗壞低落充滿灰心與憤慨之情，這人穿上道袍遁入空門，已失望有五年。

四、調適到其他的極端

另一些士紳再調適到很極端。陳獨秀、李大釗、魯迅、周作人等是重要例子。魯迅在其狂人日記中批評傳統禮教是吃人的東西，必須要去除。陳獨秀在人生真義文章中也寫了些有關生命為的是什麼，及該怎麼辦等問題的話。重要論點有：1、個人來來往往，但社會是固定的；2、文明為人類存在；3、社會由一群人聚合，無個人就沒社會；4、社會是個人的集體生命，沒社會個人的記憶與成就會有爭執；5、人生的目的在實現自己及滿足自己；6、宗教、法律、道德、政府組織都在維護社會；7、人由工作獲得幸福與後果；8、社會中的個人像社會的細胞，生死自然，不用害怕；9、人要幸福也要受苦，這一代的人受苦是為下

一代人的幸福。

五、尖銳的再適應

　　有些士紳在適應時翻轉相當尖銳，甚至在生命後期完全改變，康有為與梁啟超的百日維新便是，由保皇到維新，維新辦法多變，為時很短，影響不深。也有傳統的士紳守舊，抵制革新，不用新物。有讓兒女進新式學校，自己卻很保守。有些老士紳變得很快，也有的革新是假裝的，有些士紳也願意教下一代的年輕人有關舊道德舊倫理。大致說士紳的再適應的表現很多樣，尖銳不同，但社會上老少衝突不大。

六、新中國學派

　　另有一種士紳再適應的途徑是從中國傳統文化與西方文化中選擇好的部分結合成一種新文化，成功了就是一種新中國文化。梁漱溟是這樣的學者，他強調保有中國美德並吸收西方新血，曾被歸與梁啟超同類，又曾一度被認為是胡適的同路人。

七、結論

　　本章最後結論部分，楊教授引用陶孟和寫在華學瀾日記或辛丑日記序言中的一段，說明 1900 年代士紳們再適應的情形。這本書中的序言提及自 1895 年中日戰爭以後，中國政治混亂，在軍事與財經方面都微弱，需要研究西方文明，並要改革舊傳統，

才能確保不被擊垮。改革運動起於廣東、香港、上海、長沙等地，一些推動者是地方官員與學者，由寫書、辦雜誌、演講、鼓吹改革，至 1898 年達高峰。當民眾尚未覺醒時，革新的領先倡導人物包括一位醫師陳奉周，開始研發製藥，南開大學創辦人嚴範蓀與陳士六進士父子等研究化學，陶重明研讀歷史地理，都開創改革發展的道路。

第二十二章　新商人

一、對商人的新社會態度

　　過去中國商人的社會政治地位與西方的正相反，在中國商人的地位很低，讀書人、官員地位高，也都有較好美德。有些商人戰爭時要捐錢，但不能參與公務。後來戰爭多，國家依賴商人捐款多，商人地位也提升，物質與錢財比起善行與道德更能吸引人，學者失去地位與分量，在社會上靠邊站，或只能得到嘴皮上的讚賞。這樣的改變不壞，但也不無過分，社會變成崇拜金錢，但也不應否定對教育、學問、宗教、道德等努力經營的偉人。

二、新社會態度的理由

　　民國以後到共產黨獲得政權以前，社會國家變成重視工商業發展，對生意人的態度變新，因幾項理由造成：第一，清末以後多次與外國戰爭失利，讓國人感到國力與工商經濟發展的密切關係，又見 18-19 世紀歐洲工業革命與向外拓展貿易是其富強的要因。這些見證都使人民對工商業的觀念改變，不少年輕人將開大工廠做大生意當為重要的美夢，能與外國人用外語談生意成為一種驕傲。第二，有影響力的大官與士紳也主張強調建立現代化製造業，發展經濟，成為領導方向與榜樣。曾國藩、李鴻章、左宗棠、張謇等都是領導人。曾國藩在上海創立鐵工廠，李鴻章創設

海洋艦隊、建造松滬鐵路、電話線路、棉紡織廠及軍校等，左宗棠在杭州設立造船廠及在福建馬尾設立海軍基地，張謇致力於發展工業、交通、金融、土地開發等。經過這些領導性的改變，社會對工商的新態度是可生產物資，養活人命，是國家與社會所需要，不再是不值錢與可恥。過去耕讀之家有名望與地位，後來工商的地位變高。第三，現代工商可改善生活。早前通商靠買辦，南京條約後，買辦成為新階級，經營國際貿易者及其他商人能致富，眾人為之嚮往。商人也參與社會福利事業，新商人也愛書、聽音樂、享受新娛樂，有助提升社會形象與地位。

三、新舊商人的差異

　　新商人與過去的老式商人比較，差異很多，第一項重要差異是，現代商人都受過專業的教育與訓練，但老式商人則常從當學徒或實習生起家。製造、推銷業務、交通、銀行等各行人員都從專門學校畢業，與老式商人的起家立足點不同。第二項差異是新商人的心態不一樣。舊商人開店與生活合在一起，以這種生活過一生。現代商人的生意與生活分開。做生意要考慮合法性與契約性，交易經簽約，不以口頭說說就算數。舊式的生意重信用與關係，交易用現金，現代新商業的金錢往來則常用簽寫支票或電匯。

四、新商人的優劣點

　　比較新舊生意人的優劣點則有幾項重要者：1、過去重信

用，沒信用者於心有愧，信用立基於公意與倫理上。但今日生意講究合法契約，出問題時常想推脫責任，有些生意雖合法，但會傷人，心狠起來也照做，缺乏道德。2、現代生意比較費時間，成本費用較高，有些生意可能會因延誤時間處理而告取消。新生意有新倫理，依法行事，重視生產良好品質產品，要能價廉物美。3、新商業學習西方的技術與方法，舊式商業則照舊方法，生意的新方法新技術要受新訓練。4、從社會方面看，新商人的社會活動範圍拓廣，有專業的組織，與政治、社會、教育、宗教等機關與制度密切關聯。5、至共產黨來時，商人的社會的地位大有改善。新商人與老式商人不同，有較新頭腦，新想法，能去除老式惡習。雖然新商人也喪失一些好的商業傳統，但一般都比過去商人有較好的教育與訓練。

第二十三章　農民的地位

一、前言

　　民國以後農民是被壓榨的一群，工商人士升到高處的地位，被看成與知識分子及官員的地位相同。他們的生活水準改善，也有一定的一般與特殊教育水準，但農民卻恰恰相反，不但沒改善，反而更退步，社會地位跌落到底層。

二、形成農民災難的因素

　　形成農民地位下滑生活困苦的重要因素有三項；1、缺乏教育，2、缺乏財富，3、跟不上時代的變遷。農民缺乏教育，使其面對城市居民時，顯得無知、混亂與迷失，自覺低人一等。缺乏財富使其穿著破爛，食物品質低劣，外貌健康不良，出現在大街上時被市民輕視與取笑。未能跟上時代變遷，掌握機會，必然也就未能藉機會改善自己條件，提升社會地位。

三、農民不該被苛責

　　種種原因表面看來有起自農民本身，實也因其受到壓迫、侮辱、虐待造成，不該苛責農民。教育程度低落，除本身缺乏受教育的慾望，也因鄉村地區學校設施偏少及其他教育資訊的設施與

服務缺乏。設立學校是政府的事，政府不設，農民也無可奈何。農民缺乏財富，有人責怪他們對農業工作不夠勤奮，生活不夠節儉。也不知善於運用手工藝，並未能由合作在農村設立小工廠發展工業，增加收入。平心而論農民當中除極少數叛逆的年輕農家子弟不夠勤奮與節儉，絕大多數農民都夠努力從事農業工作與節儉生活。他們的農業生產若不良，因為缺乏良好的種子、肥料及農業推廣教育。他們本來能從手工藝副業賺錢收入，也受戰爭勝利的外國人輸入工業產品，而被擊垮。未能合作設立小工廠發展工業，試問農民又能獲知多少建議，資金與技術從何而來，農村也無電力，如何能使工廠運轉。批評農民未能跟上時代變遷，掌握變遷的機會，事實上農村居民因少受教育，未能與都市居民有同樣機會與能力認識新事物，並重新調節變化的生活方法。

　　總之，自清末到民初幾十年間，農民地位很低，原因很多，內憂外患，都不是農民能力所能控制的。重要原因還有商人、金融業者、工業企業家快速發展，不幸農民仍停留在老舊落後狀態。他們因為教育相對低落，少有新知，對新情勢的資訊少能獲得，孤立無助，經濟困苦貧窮，傷及健康，損及外貌，弱其能力，阻塞其意志，歪曲其道德。表面看到他們地位滑落了，實際上是因為持續的內戰與對外戰爭，政治混亂，社會騷擾及經濟競爭。在戰爭期間政府對農民課以重稅，地主為應對逃難，增多生活費用，也提高租金。軍人像土匪一般，到處搶劫民財，都使原來困苦的農民雪上加霜。政治腐化，官員貪污，亂課稅賦，社會動亂不安，人民無法安居樂業，外國經濟入侵，壓垮農家副業的手工藝，都使農民變成為犧牲者。這些都不應該認為是他們的錯誤，應該多少是來自有力的政府及占高位者的失敗致成。

四、開始改善的條件

　　總結過去農民的命運是黑暗的，從事福利工作者認為他們應可保護自己，可與不正義者爭鬥。在 1920、1930 年代，組織農民革命的報導常有所聞，引起政府及社會改革領袖的注意。農業推廣服務、農業信用合作、土地調查、減租、土地買賣、水利興建等都為重要實務，無一樣很成功，但逐漸有進步。不幸，部分努力為共產黨及軍閥消耗掉，對日抗戰也使許多建設受到干擾而停頓。若說到了共產黨起來時的過去五十年，農民的條件全是黑暗，到共產黨時代就不再是，也是不公平的。

第二十四章　勞工為一種重要的
　　　　　　　　新力量

一、前言

　　中國在手工業時代用人都依學徒制度，學徒常住在老闆家中，與老闆生活在一起。到現代化工業發展以後，工廠增多，需要的勞工數量也增加，勞工就自成一個階級。初期勞工工作時間長，常遭受殘酷的剝削與虐待。到 1933 年時，全國勞工約有 65 萬 8 千餘人，加上礦工與鐵路工，共有勞工 96 萬 6 千多人，以後逐漸增加。

二、鄉村為新工業勞動力的來源

　　多數工廠的新勞工都得自鄉村地區，重要原因有下列這些：1、早期需求勞工的外商工廠都設立在租借的港口，都市的勞動者都自己經商或當學徒，對外國人設立在租借港口的工廠勞動工作較無興趣。相反，鄉下有較多剩餘勞動力，對港口都市的工廠工作較有新鮮感與興趣；2、鄉下勞工的條件比都市勞工還好。重要優點包括要求較低工資、身體較強壯、較能吃苦、較老實可靠、較可能介紹其他勞工；3、為能促進城鄉與國家的工業發展。由鄉村提供城市工廠的工人，不僅可促進都市的工業發展，也可促進鄉村與全國的工業發展；4、由鄉村供應都市勞工，有

助推展城鄉之間的社會文化交流。

三、新勞工運動

中國新勞工人數雖少，到有組織性後，影響也深遠。在
1930 及 1940 年代，引發一些勞工運動，重要原因有四項：第
一，引進新工業體系，使勞工的地位改變。勞資關係變成純經濟
關係，不像過去師傅與學徒的制度有人情關係。當雇主與勞工無
人情關係，雇主不守法有壓榨勞工時，勞工就會起來反抗，甚至
經組織發起運動。社會上支持勞工運動的言論也越來越多越強，
學生支持的力量不小，使勞工有依靠；第二，海外華工的協助。
在 1920 年，海外華工聯盟在法國巴黎成立，後來也在國內設立分
會，有這組織，勞工運動就更有力量；第三，蘇聯的政治影響。
1917 年蘇聯無產階級革命成功，歸功於全球的勞工，對中國勞工
力量的壯大也大有影響。不久之後，蘇聯就派人前來中國宣揚共
產主義，以勞工、學生、青年學者為主要宣傳對象。第四、國民
黨出力與貢獻。1924 年國民大會中熱烈討論改善勞工的生活條
件，獲得三項結論，即準備為勞工立法，改善勞工生活條件，及
宣布對勞工團體的護衛並給其自由。在 1926 年制定 11 條勞工政
策，都具體保護勞工的各種權益。

四、勞工運動的歷史

此段大意在提供勞工組織對政治、社會與經濟條件的影響。
中國的勞工組織是從 1919 年五四運動開始，先是勞工支持學

生，後來學生也支持勞工。1920 年有 9,000 個勞工參與香港的機械工人罷工運動，影響 30 個麵粉廠及其他工廠，數月內組設工會超過 100 個，會員約有 60,000 人。初期工運受到若干障礙，1、現代工業尚未發展，勞工只要求工作安全，對其他權益少知也少要求；2、工廠系統及物質條件還不完善，勞工感到不滿意時未能被雇主同意；3、多數勞工離不開家鄉附近，在雇主壓迫下仍不得不就範；4、受到軍閥的壓迫及外商的強硬禁止，熱心運動的人不敢太公開活動。1920-1925 年是工運法律認定與保護時期，1922 年發生香港船員罷工事件，由一個不合法的工會發動，兩星期內共有 30,000 人參加，幾乎每個人的生活都受影響，後來船東同意加薪，工會也變成合法。這事件影響後來北京的鐵路工人在 1923 年也設工會，與吳佩孚的軍隊發生衝突，造成 200,000 人大罷工，工人失利，但給政府警惕，於 1923 年設立勞工法。自 1922 年在廣東召開第一次勞工會議，由 162 位代表通過 10 項議案，再經四年召開第二次會議，通過六項議案，為勞工階級及勞工意識奠立基礎。

五、勞工運動與國民革命

在 1925-1927 年間工運受到很大的推助，國民革命軍與共產黨都很重視工運。革命軍在北伐期間得到工會暗助，工會有時還明顯幫助革命軍打擊軍閥，也隨革命軍北伐擴展勢力。工會與革命軍同步合作的重要原因有二：第一，工人常受到外商及軍閥虐待，相信革命軍有能力打敗軍閥，驅除外國人勢力，建立現代化國家，改善人民生活；第二，此時國共合作，工會跟共產黨可打

擊資本主義跟革命軍或國民黨，可掌控全中國。但後來國共關係
變壞，工運幫助革命軍未能得到報酬。到 1927 年國共鬥爭，共
產黨員被國民政府清除或判刑，走入地下化，工會被迫離開或受
阻。國民革命軍認為工會應受嚴格控制，於是工運在短時榮耀之
後，遭受嚴厲的控制而後退。

六、新勞工與中國的工業發展

中國新勞工對中國工業發展的最大貢獻在於老技術工人的愛
國心，他們在國人經營的工廠中訓練新工人。在 1928-1937 間沿
海工業發展迅速，許多雇主請來老技術工人訓練新勞工。這些老
技術工人，並不在乎較低工資，因有愛國心而願意接受任命，贏
得企業界與國人尊敬。此時國民黨的統治對勞工組織種下新的根
苗，政府規定各種勞工福利，包括提高工資、改善工作環境及工
人教育等，在日本侵華期間勞工都能表現愛國心。戰爭期間 80%
的工業被摧毀，沿海的許多工業遷移到後方，老技術工人也跟隨
到後方繼續訓練新勞工。他們的貢獻不是呈現在金錢上，而是對
人的重新評價，使人的眼光與心胸朝向現代工業。

七、青澀的中國勞工

到二十世紀的前半世紀中國工業勞動力還像嬰兒，距離成熟
甚遠。所用勞工僅占全人口的一小部分，少能對政治、社會、經
濟有重要影響。多數勞工都為文盲無知，對自己的定位、潛能、
能力及工運都無所知。勞工多半隱藏在外資的工廠裡，處在黑暗

角落，只要有工作，低工資並不在乎，不知要如何保護自己，沒辦法也無勇氣展現力量。若有表現就被外商雇主壓抑下來，若有得到外力保護，即會受到外商的政策與軍方勢力所干擾。

八、工運與黨派

工運的發展依賴外力的幫助很多，學生與左翼教授等外力對勞工的福利與安全表示關懷，使其減少受到挫折，但這也使工運失去自主權及由衷的目的。國共兩黨對工運都嚴厲控制，將工運當成政治的工具，工人能得利的都為政黨有用的部分。工運的領導權先在學生及左翼教授的手中，組成勞工示威，勞工的思想及行為全受這些領導者掌控。高、中階的勞工領袖都為黨員。勞工內部缺乏自己真正的領袖，故未能使工運壯大。總之，在雇主及政黨的控制下，勞工得不到正義，尤其是婦女勞工更受虐待。除非這些外力能退出，否則勞工無前途可言。

第二十五章　重要態度的改變

一、對中國文化遺產的態度

中國人尤其是士紳階級視中國文化是一種偉大優異的文化，具有幾項特質：第一、此文化源遠流長，雖然曾經禁止或被異族威脅，但都能重生並發展；第二、有眾多人民生活在同一文化中，國內僅有少量文化不同的少數民族，廣義的中國文化也影響到鄰近的日韓；第三、文化版圖廣大，一些沙文主義者相信包括南洋地區；第四、此文化特別重視人性與社會關係，構成儒家的哲學與實際的生活方法，是世界最偉大的原則。中國人對這種文化遺產很自豪，有自信，認為豐富、偉大與優異，世界其他文化無一能比。至 19 世紀被戰爭打敗，20 世紀初接觸西方文化後有所改觀，認為以前的觀念不再適合未來，文化態度分成兩種，一種是中國文化為體，西方文化為用，另一種是要革命，要完全西化。前者較溫和，主張保留好的傳統文化結合外來的優良文化，後者較激烈，認為必須徹底去掉舊文化，才有空間吸收容納新的西方文化，建立科學與民主。另有一種失敗主義者，認為要說外語、穿外國衣服，無異成為洋奴，心理與道德都不正常，為國人所不齒。

二、對中國帝制或統治的態度

　　到二十世紀初，中國人很少知道帝國的版圖有多大，大致知道國內有名山、大湖、資源、產業及十八省，但對蒙古、新疆、青海、西藏等地印象模糊，對戰敗喪失土地也不很在乎。對於許多屬地，也不覺得一定非要去占領不可。知道皇帝的權力很大，對其威嚴覺得偉大，人民也感到驕傲，然而天高皇帝遠，與自己好像也沒多大關係，但人民還是必要對皇帝表示忠誠。人民與皇帝及帝國的關係常透過對祖先的膜拜，連結到對皇上及國家的盡忠，將自己出生死亡埋葬之地稱為神州，也是皇帝所及國家存在之地。

　　到了 20 世紀人民對皇帝的看法改變，原因有幾點：第一，版圖常被外國侵略，人民覺醒，想知道國家的許多事，心中產生國家主義，對皇帝也不再忠心耿耿。第二，新學校教了地理、歷史及其他許多愛國主義的課程，使學生了解國家過去與現在的狀況，產生愛國的情懷，也對皇帝及帝國感受到有較清楚的認識，甚至改變。教育的內容對失去與恢復的衛星國家並不給太大壓力與重視，顯示人民沒太大興趣再建立任何型態的大帝國。此時中國人反對任何的關閉門戶，或獨占政策。

三、對國家的態度

　　依舊傳統士紳對國與家都很關心，他們將許多時間與心思花在家庭與國家上，努力興旺家業，也愛參與國家的公共行政事務，將兩事並行進展。也有些士紳關心國事是純真的，並無附帶

興旺家庭的私心。傳統士紳關心的國家與帝王畫成等號，國家天下是皇帝當家，人民都是子民，必須忠於皇上。當皇帝的作為與人民的興趣衝突時，一般當官的士紳都會討好主子，只有少數的志士會給皇帝糾正。部分當官的士紳可能會領悟到參與國事的危險性，就會辭官而去，恢復自由之身，也會勸他們的後代不去謀求官位，這種態度沖淡當官的熱望，減低操作政治權力傷害到民眾，這也使傳統的中國未出現暴君，也未使獨裁主義深植。

　　到 20 世紀開始之前，對多數的老百姓而言，幾乎沒有國家的概念，他們只知有帝國與皇帝，人民得忠順於他，但天高皇帝遠，帝王像是半人半神。人民對於地方官反而較能理解與認識，約可分三類：父母官、要人民繳稅的官，及判決人民對錯的官。多數的人民大眾對政治都不過問，只顧家庭、事業與社區，對國家政治毫無所知，也不會想到自己在受國家機器的控制。到民國以後，人民了解國家非皇帝，也非皇室一家，是一種政治組織。他們學了許多政治理論，知道國家應建立在像孫中山創設的民有、民治與民享的民主理念上。後來國家社會主義也被引進，形成國家主義派，依照國家主義，國家比個人重要，國家有需求時，人民得犧牲，知識分子對這理論給以支持。國民黨開始以民主制度建立，後來也強調國家重於人民，共產黨的教條主張事事都要為國家，更不用說。因為這種愛國主義，使許多新知識分子都贊同國家控制人民的活動，他們深信唯有強有力的國家才能使中國走向現代化。人民大眾也學會由社會運動及許多其他事務，來促進國家建設。以後許多國家事務都與人民的態度互相影響，結合在一起，說實在，有時人民態度也是苦澀不良的。

四、對個人主義的態度

　　中國的個人主義理論基礎有楊朱的貴己說，以及佛教靠自己意念成佛的宗教信仰。楊朱學說被孔孟學說責難，佛教理念因有孔孟的家庭主義根深蒂固，才不至深深影響人民太重視個人的自私，也能關心他人、家庭、鄰里與社區。個人主義若解釋成自我發展，也會被家庭主義所掩埋或阻擾。家庭主義對個人雖有干擾，但不同於獨裁主義。家庭管制個人基本上是為個人好，希望每位家庭成員能受好教育，有能力成長，變為一個可照顧家庭的成員。家庭對個人的態度一方面給成長中的少年壓力與督促，另一方面則常給負責全家生活的成年分子同情與諒解。傳統教育能使個人憑努力自由發揮所長，也使個人主義可忍受壓力。自五四運動後，現代西方的個人主義崛起，先要求從家庭主義中解放，曾請兩位西方自由主義大師杜威與羅素，前來講學倡導教育與政治哲學理論，國人逐漸轉變對個人主義的態度，了解個人主義的社會性與政治性。就社會性言，強調社區與社會制度必須建立在個人的基礎上，目的在發展個人的興趣、福利與人格，認為社會組織活動須經由個人的參與。就政治方面看，國家是由個人組成的制度，個人可要求國家給權力，也要為國家付出，但不是成為國家的奴隸，這些社會及政治意識逐漸深入人心。教育成為發展這種新觀念與新人格的動力，不再要求從家庭的集體掌控中解放個人，而是要發展獨立又合作的人格。可惜到 1928 年國民黨政權穩固後，社會普遍要求國家要強盛，要脫離外力主導，需要有強權的領導與嚴密的組織，個人主義與民主落到次要地位。到後來，抵擋不過現代的獨裁專制主義的共產勢力。

五、對自由與自由概念的態度

在傳統的中國自由的概念很少存在，在檔案資料上少有這類的陳述，個人在家庭中雖要聽命於長輩，但大致上自由還是有的。歷史上少有出現奴隸，自由的議題到西風東進後才有較多談論。這與長時間的家庭傳統有關，在家庭傳統習慣下有人可能要聽命與受苦，但久而久之也很習慣，成為每人生命的一部分。除了家庭，少有其他外力的強迫與限制，故也使人少想到自由與否的問題，若偶而有此一討論，常是上等士紳階級因為政治思想與言論違逆到政治權威而發生。一般老百姓在食衣住行方面少會受到干擾與限制，更不會感受自由或不自由的問題。受西方影響，年輕人要求自由愛情與婚姻，另一對自由的要求是要脫離大家庭去過小家庭的生活。家庭以外幾乎沒其他會約束傳統的中國人，政府及公意等都少會干擾或限制。人們也少討論受到政治干擾的自由，對政治與生活的改變也沒大興趣。直到 1920 年代西方民主理念進入中國以後，才開始對政治的自由與缺乏有較嚴肅的態度與討論。人民面對西方文化的衝擊，反映的態度有三種：接受、拒絕、接受與拒絕一部分。從此啟動對政治、經濟、與技術的改變，結果半套的改變引發革命，毀了滿清。在革命過程中有人處在混亂中甚至乘機製造混亂，也有人欠缺成熟，致使政治在汙泥中垂釣，中國共產黨得到了皇位。

第二十六章　物質觀念的改變

一、財產的觀念

　　傳統上中國人視財產為生命的重要部分，尤其是土地是絕大多數務農的國民賴以為生的根基。有土地財產，生活與生命才能安全，也才有士氣或精神寄託。雖說生命只一條，財產可再得，但不少人仍會犧牲生命去保護財產。財產重要的另一意義是代表一種社會地位，有財產的人表示有能力，受大家尊重，在社會上有地位，也能建立信用，立足在社區中可獲信任，成為社區永久性的成員，也讓大家放心。沒財產的人像一根浮木，隨時會漂流，沒地位，不可信，也不可靠。財產若是祖先遺留下來的，也表示祖先的存在與地位，讓後代子孫尊敬與追念，與祖先相連結。若是後代人努力掙來的，也可讓祖先高興。如果子孫後代因懶惰或生活奢侈將祖產敗光，表示不孝順，罪大惡極，生活陷入危險，不安全，祖先也臉上無光。在以農立國的中國，大多數的人生活與生命都立基在土地上，有土地財產生活就能安定，社會國家也才能安全，因此人有錢就會買地置產。但人民這種注重土地財產的心態在改變中，許多住在都市從事工商業的人，有錢會投資在工商業及都市的房地產上，不再投資在農地的買賣上，尤其是經過土地改革以後，原來投資買地出租的地主，因被政府徵收放領給佃農，覺得農地財產也不可靠，就會改變累積財產的方向與目標。

二、科學的觀念

　　自從中國接觸西方文化以後，科學成為知識界熱門的話題，討論的重點在傳統中國文明有無科學，是否應該拋棄傳統文化？接受西方科學？什麼是科學？科學的範圍如何？是否科學是引導人類生活成功的唯一途徑？一般的看法是人民要有科學的觀念與態度，否則學校教的思想、社會方法與制度、生活規則與技術等都免談。如果科學方法對生活、工作與思想有效，對人對事就都要有科學在其中。對於中國傳統文明中有無科學問題有兩種說法，一種認為沒有，有的是雜亂不分類的知識及實際生活經驗，孔子只注重人群關係。我們的文化遺產是形而上、是迷信、是神話。另一說法是有科學的，外國學者 Needham 指出中國的重要科學在金、木、水、火、土五項要素的互動及陰、陽兩種力量的運行上，前者也即是五行。互動包含了生序、相生、相勝、相尅。五行與兩力的學說可能發展出自然科學，自西漢以後這學說也被研究應用到人文現象上。Needham 也指出中國人還發展有關天地數學技術的研究成就。有關科學觀念約有三種對立的看法，第一種是堅持研究自然現象如物理、化學與生物；第二種是認為研究現代科技才是科學，這種看法有點偏失狹窄；第三種指科學是一種方法、態度與精神，以客觀態度研究真理與事實的精神，使用正確有效的方法，即為科學。現代中國人都要科學，一般人要科技，知識界要自然科學，少數人強調科學方法、精神與態度，要三者皆具才可能產出較可觀的科學，包括自然科學與社會科學，近幾十年來大家都在努力介紹與創造科學的書籍與方法。

三、工業化的觀念

　　自西方文化進入以後，給中國人印象最深刻的是商品輸入，擊敗也毀滅中國，包括用工業方法製造的武器摧毀中國，工業商品擊垮中國的手工業產品，使中國的經濟崩潰，人民更加貧窮，生活更加困苦，中國要自救必須發展工業。發展工業面臨幾個重要的問題：第一、由政府或民間主導的問題，第二、是否依循西方路線將大工業集中在大都市的問題，第三、工業類別的配置問題。關於第一問題，就依照孫文的原則，重工業與國防工業由政府主導，民生工業由民間主導，問題的困難在於有些工業很難歸類，而有紛爭，贏者決定歸類，政府在決定上不無錯誤，引發不少批評，人民也怨聲連連。第二問題出在大工業集中在大城市，小工業建立在小鄉鎮的政策決定，這使工業大都市因大量工人的湧入，人口太集中，造成許多社會問題。第三問題出在工業類別的配置意見不一，政府官員及愛國學生主張多發展國防工業，一般人民及商人喜歡發展民生工業，錯誤出在政府從日本接收的紡織、造紙、廚具等民生工業並未釋出給民間。

四、集體化的觀念

　　家庭活動與生活是中國社會最基本的集體化行為，許多社會組織與其行為都以家庭為單位參加，家庭是生活、工作與財產的單位，其功能在提升個人，並生產新家庭單位。個人的責任也在支持與保護家庭，家庭分子有權利可共同享有財產，也有責任共同累積財產。個人的興趣不能凌駕在家庭之上，也就是說家庭以

集體方式經營財產，對家庭分子具有強迫性。家庭以外的集體組織為鄰居或社區，結合的單位是家庭，有時也以個人單位參加。參加的單位可自由進出組織，都以傳統習慣或社會性質參加，少以政治性參加。家庭之間共同性的經濟活動不多，三五戶農家互相交換勞動力常有所見，但現代化的農業合作組織則不多有。最能說服農民參加組織的要素有三樣：第一、不能放棄土地財產；第二、可自由加入與退出；第三、能將共同利益盡快分配到他們手中。農民不能容易接受現代合作組織，也就不容易接受社會主義及共產主義，由其拒絕加入共產方式的農業合作便可見之，毛澤東乃使用強制性的方法來推動。

五、自由企業的觀念

在中國的歷史上，國家干涉與關照人民的經濟活動起於很早，自堯舜到夏商周，國家就有設立規則與標準，主導與管理有關耕種、漁、獵、採集、紡織、建造與製作各種生活資源的方法與技術。到周朝末年封建崩潰，井田廢除，規則失修。到春秋戰國時代社會思想家輩出，也提出不少經濟理論，重要者有三派，道家主張無為而治，法家主張國家有權責規定與管理人民的經濟事務，儒家取中道，認為國家有責任但不能過度干涉人民的經濟事務，應以能促進人民福利為努力目標。干涉有正負兩種，正的是幫助私人企業，負的是管制經濟利益不為少數人占有，應能分享給最多數人民。自漢朝到清末帝國滅亡，各朝代都以儒家理論為治理國家經濟事務的依據。歷史上自秦以後有少數時代應用社會主義治理國家經濟，漢武帝使用過國家強勢控制國內經濟及對

外貿易，王莽控制價格與貿易，並由國家經營許多企業，也將土地收為國有，他的新王朝很快就滅亡。宋代王安石實施青苗法，也是另一種社會主義的經濟政策，因借貸對象不當，不幸也失敗。總歸起來，在中國歷代企業受自己組織的控制較大，受政府的控制較小。

六、利潤的觀念

歷史上讀書人羞於談論利潤，問事的原則在於正與對，以及對人民有益，不問自己的物質與社會利益。雖然商人的目的在求利，但一般大家少談，皇帝也禁止百官參與商業利益。在農民多的鄉村地方，注重追求利潤會被批評，太注重利潤者遇事少人能幫忙。鄉村的人不重視利潤，借錢給鄰居都不算利息。都市人多數從事商業活動，會想到要利潤，但常會被士人批評傷及消費者。過去的中國社會認為只有出力生產的農民與工人可得利潤，商業不算生產，不該得到太多利潤，官員常會督察商人的利潤是否太高。到了較晚時代，商人為了擺脫一些不名譽的指控，定出兩種理念，使利潤能歸於正義。第一、買賣是一種服務工作，應可得到利潤；第二，商人定出只得最低利潤的倫理原則，如此可以獲得社會的認同接受，也可維持自己的尊嚴。當中國進入現代化以後，商人可正正當當得到合理的利潤，不再被輕視，還能受許多人嚮往，這種心態與企業的新觀念相結合。

七、衛生醫療照護與節制生育等觀念

　　一般中國人也很注重衛生，愛乾淨清潔。他們喜歡將生活弄得井然有序，家訓常教育小孩要將家與庭院打掃清潔，將食物衣物等整理得清潔衛生，如果太髒亂會被人看不起。但是在鄉村地區情勢就很不一樣，屋前屋後堆滿雜物，有豬牛農具食物材料及垃圾，都因為農事與清潔打掃有矛盾與衝突。鄉下的環境骯髒，小孩各種疾病很多，嬰兒死亡率很高，餐廳茶館裡蒼蠅與灰塵不少。但是鄉下人也有消除不衛生的方法，運動較多，吃多自己種的食物，混合多種營養，反而更健康。

　　中國人雖然貧窮落後，但也知道許多醫療常識，有病都會看醫生，當難以支付醫藥費，或看了醫生無效，會轉為使用迷信或求神幫助，常用一些玄妙的偏方，或不科學的方法。到了接觸西方文化後，改變不少醫療方法，不少人視傳統的醫療方法不科學，但也有護衛傳統中醫的運動，倡導中醫的好處，不應完全丟掉。

　　約在筆者行筆的四五十年前，生育控制是很新的事，沒人相信生育可以控制。但自從洋人輸入洋貨以來，控制生育的藥物及技術用具也隨之輸入。節制生育就慢慢在中國生根，以知識分子的大學生接受率最高。但這種可以控制生兒育女，節制人口不使過多的方法，卻也受到財力的限制，許多人使用不起藥物或用具而困難實施。

第二十七章　　民國時期摘要

　　自二十世紀初中國社會進入到現代社會，文化變遷的順序是 1、技術變遷，2、經濟結構變遷，3、社會政治結構變遷，4、行為態度與觀念的變遷。在技術變遷方面主要有現代化工廠、發電廠、新採礦方法，有鐵路、輪船、汽車、電訊、電話、收音機等。新消費品充斥市場，以工業紡織品最為重要，還有新住宅建築，新衣裳，新食品等。技術改變後經濟結構也發生改變，主要發生在新生產方法，分工，現代金融，合作組織，機械化等。接著社會方面也有很大的改變，中上階級除原有的地主、皇族等也加上工商業人士，中產階級增添知識分子，新增勞工階級，以及延生的勞資關係等。政治方面的變遷起於皇權的消失與民國的建立，而後有內戰，軍閥統治，政黨行政，再變為國會民主，而後共產主義進入，影響知識分子及勞工，再經八年抗戰，使民國的力量日衰，最後撤退到臺灣。新觀念起於與西方文化接觸，民主、共產主義、法西斯主義等政治意識及科學廣泛倡導，年輕一代對政治及道德權威加以批評，穿透年輕人的心。個人及社區意識被強調，家庭中心地位受到挑戰，新觀念創造發展新組織、新政黨，取代舊傳統的秘密社會及政治學者。工業崛起後，基督教及西方倫理也進入，人群關係改變，家庭關係去除傳統，婦女地位提高，兒童備受呵護。

　　社會的改變並不完全，新舊混合並存，新時代還存有許多舊傳統。工業進步了，但不能如日本有完全獨立的現代技術，舊有

的製造方法還存在。雖有現代金融與商業，但手工業、學徒制、
簿記、老店鋪也都還在。雖有新社會與政治理論，但人民仍生活
在舊式的統治下。行為態度與觀念在變，但新舊行為態度與觀念
都有，城市裡的新舊建築並立，居民的新舊習慣並存，大學裡的
年青教授穿西裝，也穿馬褂。雇主對勞工的觀念有較改善，沿海
勞工可談資本主義與無產階級對立，也常有勞工運動，但在工廠
裡勞工的地位仍遠低於管理階級的職員。總之這時期的中國文明
是部分在變，部分未變。

　　在共產黨社會，傳統社會階級也還存留。到 20 世紀各階級
有較多機會相互了解，國家有幾次危機，也是團結的契機，五四
運動，1925 年 5 月 30 日上海的抗日，1931 年日本攻打瀋陽都是
國家的危機與機會，使國人都能忘記階級之分，團結朝向同一目
標。能使各階級團結的要素或力量還有共同文化，文字相同與種
族相同，此外還有各種改革與建設，如貨幣改革，建設國防，工
業化，改善鄉村人民生活等。但是團結的效果有時並不很好，因
為大家不夠努力。戰爭的危機也未必都能促進團結。

附錄：讀後感

一、閱讀並作摘要的意義

　　本作者在序言中說明我讀楊懋春教授兩本書，是因為覺得讀書有益，且所讀的是熟人師長所寫的好書，尤其彌足珍貴。讀書經過記要與整理心得，有助清晰理解。我於閱讀吾師楊懋春教授晚年遺作之後，逐章摘要內容，也當為心得，並傳遞給有興趣的後人參考分享。有關第一本《一個中國的農村》名著的優點在寫這書摘要之前的序言中已有充分的說明，在此僅再對第二本《中國之社會結構》一書的長處及可能的影響，再將之扼要加以述說。

二、書的長處

(一)透視中國社會與歷史

　　這本書的主旨是從中國長遠數千年的歷史中選擇性探討中國社會的結構，具有透視中國社會與歷史的性質，唯有對中國的歷史與社會具有豐富知識的學者才能寫出這樣的好書。楊教授對中國社會結構層面的認識範圍廣闊，包含社會概念、建立的基礎單位，帝王時代長時間的社會區分，社會團體，社會流動，階級關係，阻塞與溝通關係的社會要素，秘密社會等，直到近代民國時期的社會背景，政治、軍事與地方勢力菁英，新知識分子，青年運動，士紳的新性向，新商人，農民的地位，勞工及新勞動力，

重要態度的改變，物質觀念的改變等。幾乎包含古今所有重要的
社會面相，少有遺漏。書中對中國社會探古，也知今。涵蓋的時
間長達兩三千年，這樣博大精深的視野與理解，非有大學問的涵
養，實也難以辦到。

(二)潛藏豐富學識與思想

　　這書潛藏淵博的學問不需要多說，為使書的性質能較通俗
化，方便西方的學子閱讀，作者並未處處使用註解，說明資料與
見解的出處，但從其探討的內容不難看出博覽群書與豐富思想的
深厚力道，才能寫出如此好書。背後長期的努力用功，作者本人
都可能難以細說，我們讀者也只好猜測想像了。我們大致能從其
學經歷背景了解他一輩子好學用功讀書的過程，才能有這番不凡
的成就。楊教授生在中國山東膠州灣西南膠縣境內的一個小農
村，小時進入外國基督教會為貧窮落後鄉村地區設立的小學，繼
續進教會辦的中學，而後進齊魯大學及燕京大學研究所主修社會
學，最後到美國康乃爾大學修讀並獲得鄉村社會學博士學位。曾
在美東教會學校教過書，在哥倫比亞大學人類學研究所從事研
究，其間出版一本名著 *A Chinese Village*《一個中國的農村》，
暢銷十版以上。回國後曾在齊魯大學教書並當過文學院院長，也
在燕京大學教過書。自 1958 年從美國回臺灣，先後在臺大及東
吳大學教書做研究，一路走來對學術的喜愛與專注不言而喻，也
必因具有聰明才智的特質及努力用功的精神，才能有此豐厚的學
術成就。

(三)高明的文字表達功力

　　Chinese Social Structure 這本書是用英文寫成的，楊教授的

書籍及論文著作等身，中英文的文字表達功力都是一流，讀過他著作的人就能深切體會與感受到他思路與文筆練達的境地。他的文字淺顯易懂，不使用艱澀詞彙，表達的思路條理清晰，組織嚴密，轉折連結穩健，讀之容易理解並記憶，不像有些文章書籍，有的條理不清，連結轉折突兀，太過急促或鬆懈，要了解其意頗費猜疑，也難記憶。楊教授因有好功力，他的學術著作很能受到歡迎，不必經由廣告獲得虛名，而是真材實料，令人讀之多有收穫也感動。他由哥倫比亞大學出版社出版的 *A Chinese Village* 一書就很受外國學子愛讀，出版次數不下十餘版，成為暢銷的英文書，其他中英文著作也都很美好成功，不是偶然，非作者有足夠學術實力及銳利文筆，實不可得。他常以文章是千古事，白紙黑字，提醒並告誡學生，寫了印行了就收不回來，會跟隨人一輩子，甚至更久，下筆不可不慎。他本人下筆快速，如行雲流水，但用筆都很細心，有如美術家的雕刻精工，這種又快又好的功力，非經久時日琢磨鍛鍊，不可能有成效。

三、可能的影響

(一)豐富社會學學識的示範

　　書的作者楊教授自小就愛讀書寫作，年少時常撰文投稿書報雜誌，後來較多撰寫大部的專書。一生撰寫不停，著作等身不在話下，對於高等教育與學術研究貢獻良多。他所寫的這本中國社會之結構是他在社會學研究上的一項示範，其他的著作也都留給後學者良好的社會學學識示範。他在臺大教學期間曾有一度臺灣社會學界同仁熱心幫他整理所有保存的著作，合力推薦他參選中

央研究院院士，可惜也遺憾，未能獲選，但應不會讓認識他學養的人失去服膺與讚賞他在社會學上的高度成就與貢獻。

(二)應用在社會改進建設與發展

　　社會學是一種基礎性的社會科學，有關社會結構的研究目的是要了解一個社會與國家的根本社會性質，這些學問的應用意義在於能從這些結構的性質上發掘社會的問題與缺失，供為改進之用。同時也從社會結構的性質上，找出可再建設與發展的方向與目標。本書探討中國社會結構面相很多，歷史上存在的相關社會問題很多，可改進與建設發展的方向與目標也很多。歷史上的社會問題與社會建設發展前景已過時，但前車之鑑是後事之師，以古論今，歷史上發生的各種大小事件與現象，都可應用為往後改善萬事的參考與依據。楊教授的大作提供許多寶貴的歷史經驗與資料，可供後人從事多種社會建設與發展的依據。但後人究竟能應用多少，就要靠自己能從本書中體會與覺醒到多少可以應用之金科玉律，這就需要後人的努力與用心了。

(三)先賢的人格與感召

　　楊教授撰寫本書，扮演與突顯了一位優秀社會學者的角色，這種角色一向是讀書做學術研究的人所要學習與模仿的對象，尤其是學習社會學的學生都能尊敬他為導師。他在社會學上的成就可被稱為是一位賢人。更可貴的是在書中他所思想與所論說的除了表示優秀的社會學專業素養與能力，還能處處呈現高貴的涵養與人格。文章寫到痛恨不平之事，口無惡言，不會對不滿的事或人多做刻薄的指責，但都能寫到讓讀者清楚分辨是非對錯，這種人格特質與喜歡用危言聳聽或譁眾取寵的學者或作家極為不同。

賢人除能傳播知識，也能樹立高貴人格的榜樣。這種學術與人品上的涵養常被認為是當代較早期讀書人接受較多道德教育所養成的知識分子或學者的人格特質之一。楊教授在這方面的風範能被稱讚具有先賢的人格，能感召天下學子，誠也實至而名歸。這種可貴的學術涵養與人格特質也都可從《中國之社會結構》一書中充分顯露無遺。

國家圖書館出版品預行編目(CIP) 資料

中國農村與社會的結構：楊懋春觀點/蔡宏進
摘述. -- 初版. -- 新竹縣竹北市：方集出版社
股份有限公司, 2023.05
　　面；　公分

　ISBN 978-986-471-414-8 (平裝)

1.CST: 農村　2.CST: 社會結構　3.CST: 文集
4.CST: 中國

545.592　　　　　　　　　　112000968

中國農村與社會的結構——楊懋春觀點

蔡宏進　摘述

發　行　人：賴洋助
出　版　者：方集出版社股份有限公司
聯絡地址：100 臺北市中正區重慶南路二段 51 號 5 樓
公司地址：新竹縣竹北市台元一街 8 號 5 樓之 7
電　　　話：(02) 2351-1607　　傳　　真：(02) 2351-1549
網　　　址：www.eculture.com.tw
E - m a i l：service@eculture.com.tw
主　　　編：李欣芳
責任編輯：立欣
行銷業務：林宜葶
出版年月：2023 年 5 月 初版
定　　　價：新臺幣 380 元

ISBN：978-986-471-414-8 (平裝)

總經銷：聯合發行股份有限公司
地　　　址：231 新北市新店區寶橋路 235 巷 6 弄 6 號 4F
電　話：(02)2917-8022　　　　傳　真：(02)2915-6275